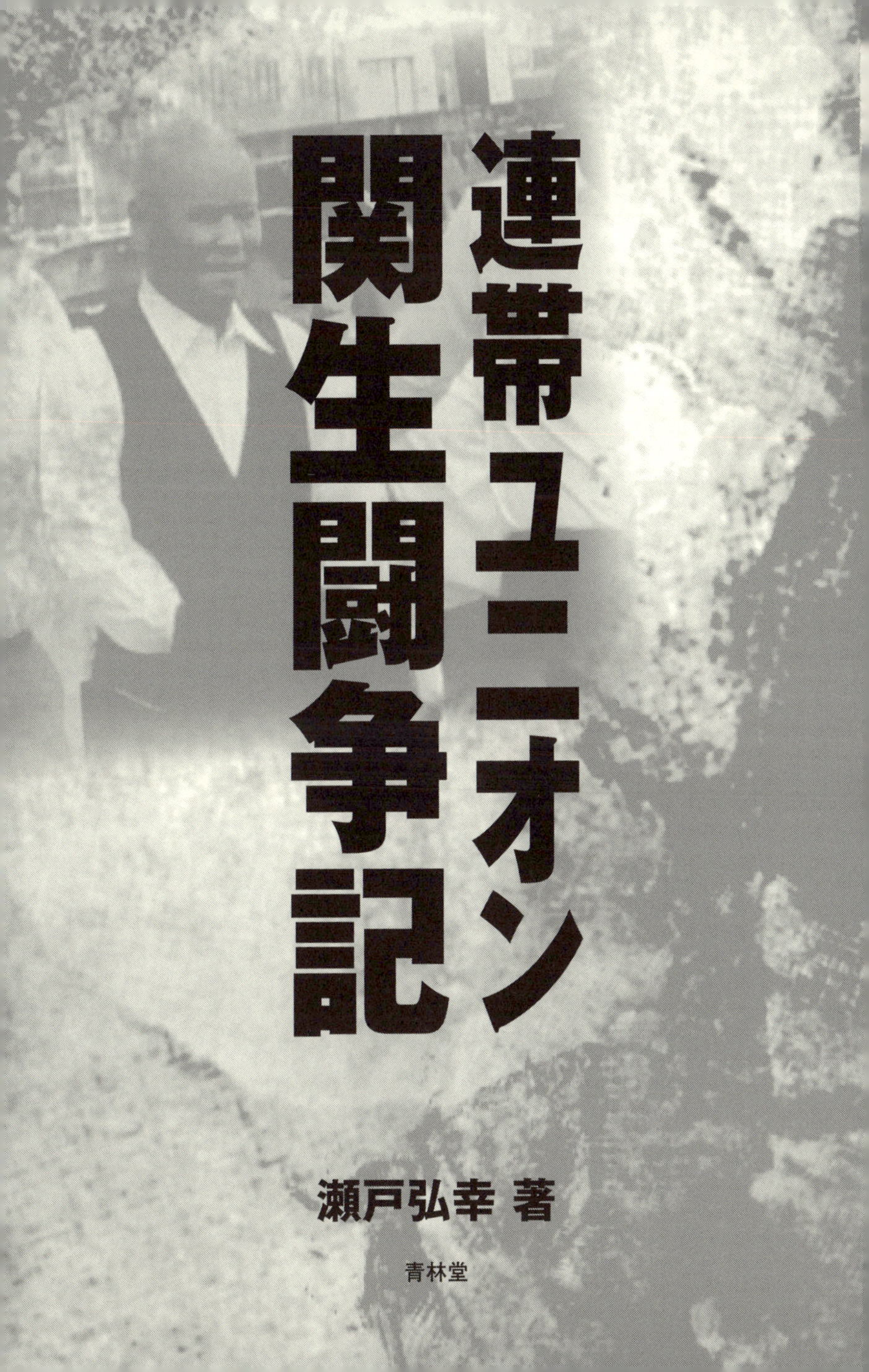

連帯ユニオン
関生闘争記

瀬戸弘幸 著

青林堂

まえがき

この本を書き始めたのは平成30（２０１８）年12月22日だ。その前日『関西生コン討伐隊』を解散した。思えば、大阪の地を踏んだのはちょうどその1年前の平成29（２０１７）年12月21日。討伐隊と命名はしていたが、メンバーは自分の身近にいた人物に声をかけて集めるなど急ごしらえのものだった。

戦う相手は連帯ユニオン関生（関西生コン）支部（武建一《たけけんいち》執行委員長）という左翼バリバリの過激な労組団体である。本来であるならば、このような団体を相手にして戦う以上、右翼運動の経験を持つ人材を集めるのが普通である。私は20歳の頃から右翼運動を始め、今もその組織は福島県にあり、私が初代の会長で今は3代目の人間が継いでいる。しかし、あえてそのような人間ではなく、所謂《いわゆる》ネット右翼や右派市民運動のメンバーに声をかけた。

それはこの戦いというものは暴力などで相手を制圧するやり方ではなく、あくまでも言論で戦い、その様子を新しいソーシャルメディアを通して、広く拡散する。関西ではタブーとされた連帯ユニオン関西生コン支部に戦いを挑むのはそのやり方しか思いつかなかった。

参加したメンバーの中には普通の一般の会社員で、丁度この年に定年を迎えた人もいた。正直言ってどこまでやれるかは不安であったが、それ以上に自分を駆り立てたのは使命感であった。

若い頃から愛国運動に目覚め、その人生を送ってきたが、65歳を迎え、果たしてこのまま歳を刻んでいいものなのか？　このままの人生を送ることに少しばかりの疑念があったのは事実だ。何かまだ、物足りなさを感じていたのだ。

そのような時にちょうど目にしたのがこの連帯ユニオン関西生コン支部という日本でも有数の過激な労組団体の存在だった。福島県での反原発運動、沖縄・辺野古《へのこ》における米軍基地反対闘争、国会前での共謀罪反対集会。いずれの場所においても『連帯ユニオン関生支部』の幟《のぼり》を目にして来た。

相手にとって不足はなかった。どこまでやれるか？　自分を信じて戦うしかないとの強い決意を秘めて関西の地を踏んだ。途中で挫折して帰ることも考えなくはなかった。しかし、自分の決断した行動に突き進むしかない。退路を断って自分を奮い立たせ、そして戦うことにおいて活路を開くのだ。

相手は総勢５００名からの組合員がおり、中でも50名以上は組合専従という通常考えられないような組織である。マスコミも政治家も行政も声を上げない。警察でさえ見て見ぬふりをしている。闇社会にも顔が利きアンタッチャブルな存在であることは誰の目にも明らかだった。

その組織に50年間という長きにわたって君臨し、絶大な権力の座にある武建一執行委員長に戦いを挑んだこの一年。心の休まる日はなかった。しかし、相手を倒すことだけに全ての神経を研ぎ澄まし集中してきた。臆病なほどに細心の注意を払い、油断することのない、その毎日だった。

勝利宣言は間近だ。平成31（2019）1月14日に大阪・梅田のヨドバシカメラ前で一つの区切りとして、この戦いに勝ったことを宣言した。確かにまだ裁判も残っているし、取り調べの結果も出ていない。その中での勝利宣言は早すぎるし、逃げるのかとの声もあるのは事実だ。

連帯ユニオン関西生コン支部の組織はいまなお自壊していないし、奪還闘争として、1月1日には、「全日建運輸連帯労組（連帯ユニオン）関西地区生コン（関生）支部への弾圧に抗議する集会」と称して大阪府警包囲デモが行なわれた。しかし、私は次のような理由からこの戦いに一旦終結宣言を出し、後は裁判闘争に専念することを決めた。

宣伝カーの「せと大和魂」号で我々が訴え続けたことは2つだった。

「大阪府警は武建一を逮捕せよ！　威力業務妨害は犯罪であり厳しく対処せよ」

「溜め込んだ巨額な資金を解明せよ！　国税庁は査察せよ、政治家に流れた資金を暴き出せ」

大阪府警は武建一執行委員長を逮捕し起訴した。私が言い続けて来たことは間違いなく達成された。関生支部は労働組合である限り潰れない。最初から潰すとか壊滅させるなどとは言っていない。ただ、武建一執行委員長が引退すれば福島県に戻るつもりだった。

確かに引退表明はないだろう。しかし、滋賀県警、大阪府警、そして京都府警は、捜査の手を緩めることはしない。武建一執行委員長が再び権力の座に戻ることは考えられない。そのことは多くの人が認めるところだろう。

今書いているこの本が世に出るのは3月中旬となる。その頃には今以上の厳しい状況下に武建一執行委員長が置かれていることは間違いない。私はこの関西の地で人生最後の戦いに勝って、文字通り伝説の男となった。これから愛国運動に身を捧げようと考える「有為」なる若者に、一つの人生の指針を示すことができた。その喜びに勝るものはない。

目　次

第四章

目　次

第一章

武建一討伐宣言

（1）なぜ、連帯ユニオン関生支部の退治だったのか？

それは・トランプ米国大統領歓迎パレードが発端だった。平成29（2017）年の夏頃から、私は米国のトランプ大統領の訪日歓迎パレードの準備に入った。トランプ大統領が正式に日本を訪問するとの発表があったからだ。我が国では米国大統領を歓迎するような民間レベルでのパレードなどに、まずはお目にかかったことがない。米国大統領が来日するとなれば、決まって左翼集団の来日阻止のデモが起こる。それに対抗する意味でこの訪日歓迎パレードを企画した。

右翼民族派団体の中でも反米に軸足を置いている人は多い。私も行動するネット発の保守運動を長年牽引して来た一人だが、その行動する保守運動の中で、パレードの最中に堂々と米国の国旗を掲げて参加したのは私しかいなかった。しかし、トランプ大統領の歓迎パレードを企画する理由は、単に親米右翼という思想からだけではない。何と言っても当時の東アジア情勢に大きな理由があった。それは東アジアだけではなく、世界的な安全保障に関わる深刻な問題だった。北朝鮮による核開発とミサイル発射問題だ。

北朝鮮はこれまでも国際世論を無視して核開発とミサイル発射実験を続けてきたが、金正《キムジョン》恩《ウン》が指導者の座に就いてから、さらに積極的に推し進め、ついに米国本土にまで到達可能となったミサイルを開発、発射実験を度々行なった。ついに北海道東方の太平洋に着弾するミサイルを発射し、グアム基地や日本列島を射程圏とする実験にまで踏み切ったのである。

もはや米国は黙っていることはできずに、北朝鮮に対してこれまで以上に強い態度に出た。核開発施設の廃棄と核弾頭を搭載するミサイルの放棄を迫った。これに従わない場合、トランプ大統領は北朝鮮に対する軍事制圧も止むを得ないとの決意を表明するに至ったのである。

北朝鮮に拉致された日本人を救出するには、北朝鮮という国家の共産体制を崩壊させる以外に道はない。そのように固く信じる私は、米国による軍事攻撃を支持することを表明し、そのためには日本を訪れるトランプ大統領を熱烈歓迎することの必要性を強く考え、仲間と共にそれを行なった。

平成29年10月29日にトランプ大統領の歓迎パレードを開催した。この日は台風が日本列島を襲い、これ以上の悪天候はないだろうと思われた。既に22日の予定を同じく悪天候で延期していたために、豪雨の中での歓迎パレードとなった。このパレードには１２０名くらいの人に参加していただいた。私の人生の中で忘れることのない一日となった。

この歓迎パレードの後にトランプ大統領は日本を訪問した。その時、私の予想した通り左翼過激派が来日阻止を掲げて東京中をデモして歩いていた。その反米デモに対しても、私たちは盛んにカウンターといわれる迎撃の抗議行動を展開した。もし、このカウンターで左翼デモを目の当たりにしなければ、平成30年に私が大阪に乗り込み連帯ユニオン関生支部と戦うことはなかった。

私が目にした左翼団体のデモは中核派系の大勢のデモ隊だった。千人はいたのではないか？実は私はこのデモの前に、中核派の活動家に対してのインタビュー記事を目にしていた。この中で目についたのが、〈ゼネスト〉という言葉だった。暴力革命への野望を捨てない暴力集団が、革命の手法として挙げたのがゼネラル・ストライキというものだった。実はその後、私はそのゼネスト突入という言葉をネットで何十年ぶりかで知った。それを掲げていたのが、連帯ユニオン関西生コン支部だ。

「ゼネストで大きな成果を獲得－連帯ユニオン 関西地区生コン支部」

連帯ユニオン関生支部のサイトでこの見出しを見た時に私は正直震えあがったのを覚えている。中核派のデモの中にも見えた連帯ユニオン関生支部がついに、北朝鮮有事の際に彼らが主張している「左翼革命」の予行演習をしているように見えたからだ。この連中は一体何者なのか？　私はまだ見ぬ敵への興味と、その集団への戦いになぜか自分が引き寄せられて行くのを抑えることが出来ないほどの衝撃を受けていた。

（2）「連帯ユニオン関生支部」とはどんな組織だったのか

浮かび上がる北朝鮮との関係。連帯ユニオン関生支部と北朝鮮という2つの言葉を入れてネットで検索するとたくさん出てくる。数多い日本の左翼集団の中でも北朝鮮に毎年のように訪問団を送っているのは、この連帯ユニオン関生支部だけではないか？

この連帯ユニオン関生支部の機関紙を手に入れて読んでみると、腰が抜けるほどに驚いた。連帯ユニオン関生支部は暴力的な集団であることは間違いない。しかし、同時に一部の幹部は左翼（マルクス）の教条主義者でもある。

連帯ユニオン関西生コン支部の機関紙『くさり』２０１７年5月10日号（3ページ）に書かれてあることを引用しながら、その極端に偏った思想を考えてみる。

「アジアの平和への道　共和国の核実験・ミサイル発射の必要性」……

まずはこのタイトルから解説する。共和国とは北朝鮮のことだが、連帯ユニオン関生支部は北朝鮮とは記載せずに、朝鮮民主主義人民共和国の略称である共和国を使っている。

関西生コンは韓国内の極左労働組合と連携しているが、その記事の中には大韓民国という正式な国名は使われていない。韓国はただの韓国と記載している。即ち、朝鮮半島においては、北朝鮮という国家だけが存在しており、韓国はアメリカの傀儡《かいらい》政権という認識なのだろう。

この北朝鮮の核実験やミサイル発射を必要だと断じる国は世界中を見渡しても存在しない。中国やロシアでさえ核開発やミサイル発射を非難しており、このタイトルのように北朝鮮を支持しているのは極めて異例だ。

日本でも日本共産党や社民党を含む全ての政党や団体で、北朝鮮の核開発やミサイル発射を容認しているところはない。極左の中核派でさえ北朝鮮擁護はしていない。その他の極左系でも「共和国の核実験・ミサイル発射の必要性」と連帯ユニオン関生支部のように露骨なまでに論評する団体など見たことがない。

彼らが日本において、最も危険な団体であり、公安当局が今最大の警戒心を持って監視している団体であることは言うまでもない。次に本文中から、これはという主張を選び出してみる。

米国従属日本は戦争ができる国へと

日本政府は、一貫して中国、共和国を仮想敵国として安保体制を強化、軍備拡張してきた。

共和国は「6日のミサイルは在日米軍基地を攻撃目標と想定した」と発表し緊迫した局面に陥っている。（略）

米国が共和国を攻撃して一気に壊滅状態にしない限り、直接攻撃を受けるのは日本であり韓国である。日本政府は米国に攻撃するのを控えてくれとお願いするしかない。

これが連帯ユニオン関生支部の正体だ。長い文章なので要約して簡単に解説した。彼らはただ北朝鮮に観光旅行で行っているのではなく、このように金正恩の共産主義独裁体制が正しく、それを学び自らが日本の左翼革命の尖兵となるために行っていたのであり、極めて危険な存在と言わざるを得ない。

このような北朝鮮の核開発・ミサイル発射まで堂々と支持している連帯ユニオン関西生コン支部の指導者である武建一執行委員長とはどのような思想の人間なのだろう。当然反米論者であることに違いはない。

連帯ユニオン関生支部問題を特集しているｗｉｋｉ倉庫【http://wiki-souko.blog.jp/archives/6532879.html】に次のような一文がある。

――いま、アメリカを先頭とする侵略的・反動的資本主義国は、自ら生み出した全般的危機の深化と想像以上の急テンポで崩壊の道へと走っています。このような情勢の中でアメリカ帝国主義は〝世界の憲兵〟たる自らの地位を維持するため必死のあがきを行なっています。

これは「関西地区生コン支部、結成大会挨拶文（全文）‐武建一　1965年10月17日」とあるように連帯ユニオン関生（関西地区生コン支部）結成大会での挨拶文で、今から54年も前のことだが、ここでもアメリカ帝国主義なる言葉が使われている。

このような反米思想を武建一執行委員長はどのようにして身につけていったのか？　余り本題には関係ないが、トラックの運転手でしかなかった彼が、どのような経緯で筋金入りの活動家になっていったのか？　それを紹介しているブロガーがいるので引用する。

◇労働運動家、武建一の原風景

徳之島の中学を卒業後、地元の商店の丁稚奉公を経て大阪の共同組（後に三黄運送生コン部と名称変更）に入社した武建一は、翌年、〝共産主義思想〟との運命的な出会いを果たす。

当時、労働者自身が自発的に結成した新組合の発起人かつ労組委員長であった勝又十九二は、ソ連アカデミー発行の「経済学」を読みこなし、自ら講師として社員寮の若手社員を集めて学習会（通称「勝又学校」）を開いていた。

幼少時から貧困を身近に見て育った武建一にとって、勝又は業界でも珍しい知識人として眩しく映り、また人柄にも惹かれてはいたものの、当初は何を言ってるのかも理解できないまま学習会に参加していた。

（ひとりごと検証ブログ【http://hitorigot0.blog.jp/】より）

最初はトラック運転手の一人でしかなかった武建一氏が左翼の世界でのし上がるには、やはり相当な勉強をして、その左翼思想に傾倒していったものと思われる。考え方が古典的な左翼共産主義者であり、その考えに固執して抜け切れない。資本家は悪、労働者は善という考えだが、その資本家（経営者）も取り込んで組織を拡大して来ているので、一概にそうと決めつける訳にもいかない。

しかし、それが根底にあることだけは事実だ。だから経営者が高級車を乗り回しているなどと、その一部だけを捉えて憎悪心を焚き付ける。経営者が他人よりも努力して、今日の地位を築いてきたことなど認めたくはないのだろう。しかし、武建一執行委員長自身は贅沢《ぜいたく》三昧な生活をしていると言われて来た。この点にも確かに興味はそそられるものの、ページの制限もあるので、それはこの本の中では触れない。

私の目から見ても、誰よりも資本主義の恩恵に浴してきた武建一執行委員長が、資本主義打倒を叫んでいるのが滑稽《こっけい》でならない。
また、武建一執行委員長は機関紙『くさり』２０１７年1月1日号の中で、次のように述べている。

資本主義社会とは「弱肉強食」で一部の特権階級（人口比率で1％）の経済・社会制度です。つまり99％の人民の生き血を吸って成り立っている社会なのです。そこでは格差と差別、不平等、不公平、人権侵害が必然的に発生します。

共産主義のソビエトが崩壊したのは、不平等が余りにも目立ち始めたからだ。自由が制限されていても、平等な社会なら我慢もしただろう。しかし、不平等で自由のない社会だったから崩壊した。共産主義国家の中国（支那）は世界でも最大の経済格差による不平等な社会であると思う。北朝鮮なども金王朝や共産党員以外は奴隷のような存在でしかない。
武建一執行委員長が描く、共産主義の理想国家などはどこにも存在しない。ましてや階級闘争史観による資本主義の終焉《しゅうえん》など考えられない。左翼は特に資本主義を憎む要因としての労働者の搾取や銀行金利を不労所得として認めない。しかし、現在の連帯ユニオン関生支部のやっていることは同じ労働者からの搾取。そして10億円以上も溜め込んでいる流動資産だ。もう、お話にならない。言っていることと、やっていることがまったく違う。

（3）辻元清美議員と連帯ユニオン関生支部との関連

平成29年の衆院選挙が終わった時、私はどうしても落選させたかった議員として次の5名を挙げた。

「枝野幸男《えだのゆきお》、菅直人《かんなおと》、山尾志桜里《やまおしおり》、辻元清美《つじもときよみ》、玉木雄一郎《たまきゆういちろう》」

この選挙では自民党が圧勝したが、なぜか釈然としない気持ちが残った。もやもや感だが、これはズバリこの連中がまだ国会議員に残ったからだ。片手では足りない。他にもいるとか、あるいは全員だという主張もあるだろうが、特に誰かを選べ……と言われれば、やはりこの人たちになるのかも知れない。4番目には大阪の辻元清美議員にした。

この5人が落ちていればスッキリした気持ちで晴れ晴れ感だったかも知れない。山尾志桜里議員を当選させるような選挙区があったということは、本当に驚くしかない。

日本人は不倫問題などには寛容なのだろうか？　もっともこの人の問題は不倫問題だけでなくたくさんあったのに、それを有権者が余り重要視しなかったということか？

驚いたといえば辻元議員もそうだが、女性はやはり強いということなのか？　辻元議員の場合は、日本人を拉致した北朝鮮工作員と一緒に写る写真なども公表されているので、まさか当選するとは思わなかった。

実はこの彼女の支援組織というのが連帯ユニオン関生支部執行委員長の武建一で、「辻元清美の黒いパトロン」と書かれた雑誌（宝島）の記事だった。この雑誌は今から10年ほど前に書かれたものだが、この連帯ユニオン関西生コン支部が辻元清美の大スポンサーであることを暴露していた。

私が関西に乗り込んで関西生コン支部を批判すれば、必ず彼女は私に対する攻撃を始めるのではないか。そのような期待を抱いて関西に入ったわけだが、辻元清美議員はまったく反応を示さなかった。武建一執行委員長が逮捕されても何も言わなかった。

辻元清美議員は関西生コン支部と関係の深い『大阪兵庫生コン経営者会』から献金を受けたり、連帯ユニオンからパーティー券を買ってもらったりしていたのに、最初から無関係を通そうとした。結局、最後は追及されて嫌々ながらも関係を認めはしたが、マスコミや自民党などがまったく追及しないまま終わりそうだ。

もし、辻元議員がこの関西生コン支部の件で何らかの事件に連座するとすれば、金の流れしかない。私は「政治家に流れた資金を暴いて法の裁きを受けさせよ！」と訴えてきたが、巧妙に行なわれており、かなり難しいと思う。ただ余りにも辻元議員が自分の身だけを守ろうとし

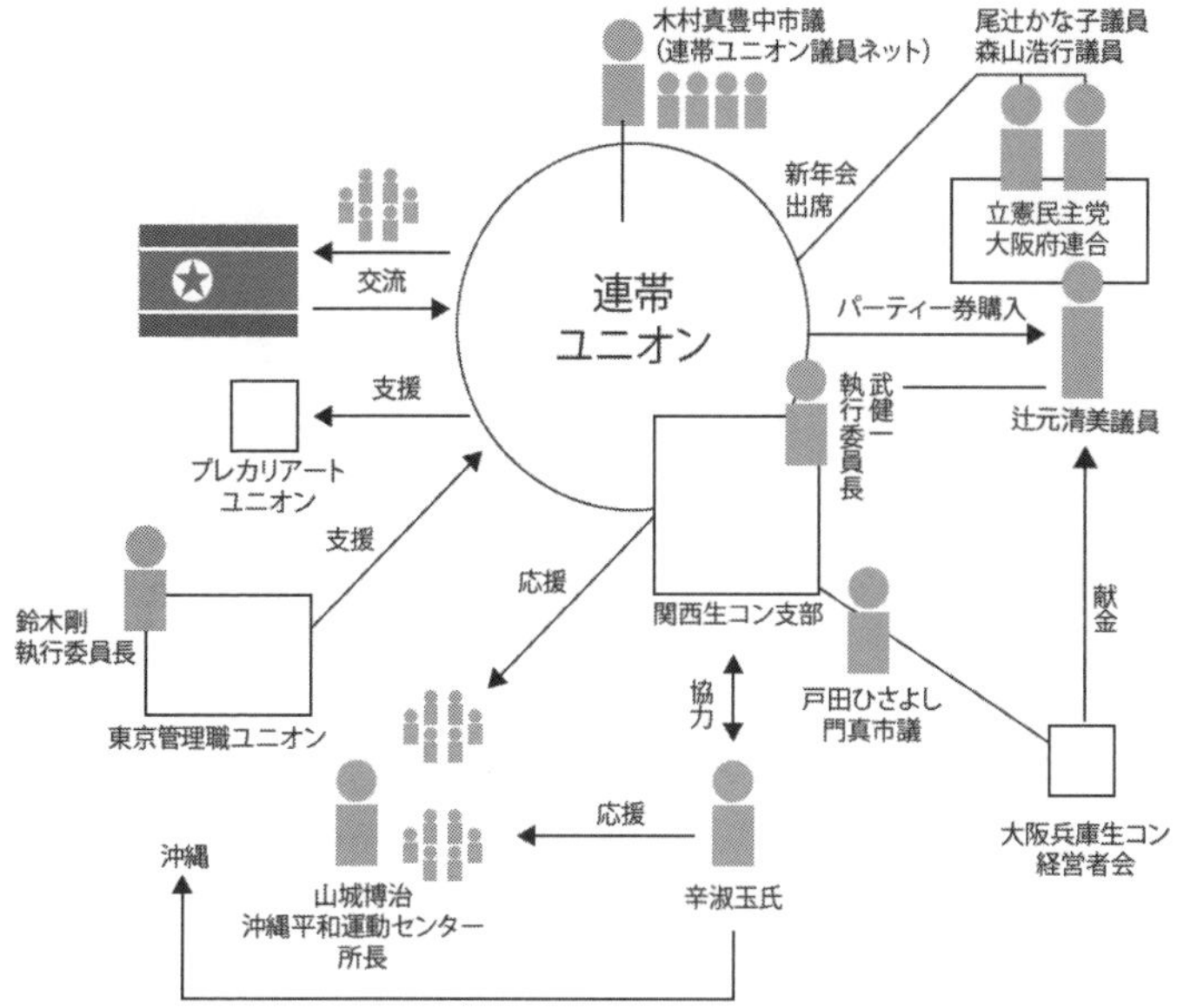

て、見殺しにするようであれば武建一執行委員長が怒って側近に命じて暴露作戦に出るかも知れない。その可能性すらなくなれば辻元議員は追及されることはないと思う。

しかし、たとえ事件として取り上げられることがないとしても、次回の衆院選挙では絶対に落選してもらわなければならない。この辻元清美氏が国会議員とは許せない。

それゆえ、連帯ユニオン関西生コン支部のドン、武建一執行委員長が引退する時には、この辻元議員にも引っ込んでもらわなくてはならない。立憲民主党の国対委員長という要職に就いているが、まとめ役など最初から無理だろう。他を攻撃する能力だけは圧倒的に強いが、調整能力については疑わしい限りだ。

この暴力労組の実態が明るみに出れば、この辻元議員の責任も当然選挙区では話題になるはずだ。連帯ユニオン関生支部関係の『提言』なる機関紙にも、平成30年1月1日号のトップで挨拶を述べている。

武建一執行委員長と連帯ユニオン関生支部を支持する政治家は全て立憲民主党の議員だ。

・衆議院議員　辻元清美　大阪府第16区（堺市堺区・北区・東区）
森山浩行《もりやまひろゆき》
ながお秀樹《ひでき》　大阪府第5区（此花・西淀川・淀川）

これらの議員は次の選挙の時は絶対に落選させねばならない。

（4）福島瑞穂議員と関西生コン支部

私が関西に来る前年の平成29年12月に、ネットで連帯ユニオン関西生コン支部と検索すると辻元清美議員よりも、福島《ふくしま》瑞穂議員のほうが多くヒットした。

政治ランキング上位のブログもこの問題を取り上げていた。

福島瑞穂議員といえば北朝鮮シンパで有名だ。ある脱北者の証言がある。

日本でも、故土井《どい》たか子氏、福島瑞穂議員ら旧社会党の幹部は、毎年、朝鮮総連が主催する金日成・金正日の誕生祝賀会で、「万年長寿を祈る」旨の祝辞を述べていたから、独裁者親子の誕生日を正確に覚えているかも知れない。

例えば、平成14（2002）年2月15日、金正日の「生誕60年を祝う」誕生祝賀会（東京、朝鮮会館）には、社民党の土井たか子党首、福島瑞穂幹事長、村山富市《むらやまとみいち》元首相が揃って参列している。

この年の9月に小泉訪朝があり、金正日が拉致を認めたわけだが、常識ある日本人にとっては、金正日の「犯罪」は既に疑いようのない事実だった。

チュチェ思想研究会なるものがある。北朝鮮の独裁者・金日成が唱えた主義思想だが、それを日本でも普及させようとしている人たちの集まりだ。

彼らとも福島議員は親しい関係にある。

チュチェ思想なるものが金王朝の独裁体制の源であり、このような独裁思想を学んだところで、これは北朝鮮の独裁体制を容認することにしかならない。

共産主義思想と言っても個人の独裁ではなく、それは共産主義思想の独裁であるから、旧ソ連にしてもスターリンの子息は独裁体制の後継者にはなれなかった。

同じように中共も毛沢東の一派は粛清された。ところが北朝鮮は金日成、金正日、金正恩と三代にわたる独裁体制を維持してきている。

まるで日本の封建時代の社会かヨーロッパの中世社会のようだ。如何に異様なことなのかは誰でもが理解出来る。

これに異を唱えさせない理屈がチュチェ思想なるものだが、そんなものを学んで「在日朝鮮人との交流を深めよう」などの試みは、世界で一番野蛮な人権蹂躙《じゅうりん》国家である北朝鮮を認めてしまうことになるから、これは絶対に試みてはいけない。

日本社会における朝鮮人批判は、このような北朝鮮の独裁者を崇める思想とは何の関係もない。ありのままの在日朝鮮人を見ていれば、日本人の側はどうしても批判しない訳にはいかない。

北朝鮮が日本に対して、「戦争になれば真っ先に被害を受けるのは日本だ」「核の炎で焼き尽くす」などと言っているから、在日朝鮮人が批判されて当然だ。

北朝鮮の独裁体制を知れば知るほどに、疑問を抱くというか、この金王朝への批判が起きるのは必然と言えよう。

独裁者を崇め讃えて万歳していなければ、やがて殺される。それが北朝鮮という国家の正体である。そんな所とは仲良く出来ないし、そのような国家に忠誠を誓う在日朝鮮人にも警戒感が高まるのは至極当然のことだ。

2月9日の連合会館（東京都千代田区）にて開催された一連の連帯ユニオンへの強制捜査抗議集会には、福島瑞穂議員も参加し抗議声明を発表した。たまたま参加した知人から話を聞き、音声を録音したものを聞かせてもらったが、福島議員は安倍政権による労働組合潰しであると演説したそうだ。これは、明らかに重大な問題だ。国会議員たるものが、公の場で逮捕者を20名近くも出した組織を正当化し、擁護したのだから。また、福島議員の内縁の夫である海渡雄一弁護士、宮里邦雄《みやざとくにお》弁護士や東京管理職ユニオンの代理人を務めたことのある鬼束忠則《おにづかただのり》弁護士が所属する『東京共同法律事務所』の弁護士も参加し、演説を行なっていた。

第二章

ゼネストと威力業務妨害事件

（1）大阪広域生コンクリート協同組合との出会い

連帯ユニオン関西生コン支部が一昨年（平成29年12月）にゼネストに突入したと知ったのは、左翼系のネットメディアの『レイバーネット』だった。そこには連帯ユニオン関生支部によるゼネストの記事があり、ブログにて紹介した。

このゼネストが始まったのが12日、そして終わったのが17日だった。私のブログで紹介したのは平成29年12月22日だったが、この連帯ユニオン関生支部に関しては第一章の辻元清美議員や福島瑞穂議員の問題を書き始めていた頃から知っていた。辻元議員のことを取り上げたのは12月17日が最初だった。

なぜこの日付にこだわっているかと言えば、私が関西の地に乗り込むことになったことと関連するからだ。私が関西の地で戦うようになったのは、運命だったと考えるしかない。私のブログにある方からのメールが入った。

２０１７／12／11 17：09

拝啓

瀬戸弘幸様 私は大阪広域生コンクリート協同組合理事長の木村貴洋と申します。突然ではございますがご相談したいことがございます。一度、ご連絡を頂きます様、よろしくお願い致します。携帯番号：０９０－＊＊＊＊－＊＊＊＊……

敬具

瀬戸弘幸
２０１７年12月14日（木）６：58
昨夕は失礼しました。パソコンを放置していて気が付きませんでした。後ほど電話を差し上げます。

私はこの大阪広域生コンクリート協同組合を知らなかった。連帯関生支部がストライキに入った前日にはメールを頂いていた。私はこの頃、東京都内での移動りんご販売に忙しく、２日間は気が付かなかった。ようやく気が付いてメールしたのは２日後であり、実際に電話をしたのはさらにその数日後だった。

木村理事長が話したのは連帯労組の関生支部に長年虐《いじ》められており、ついにもう我慢の限界を通り越しているので、相談したいことがあるとの話であった。このタイミングでのメールと電話のやり取りがなかったら、「武建一討伐運動」はなかったし、私が関西の地に乗り込み約1年間にわたって活動することはなかった。

世の中の動きは全て偶然の産物のようだが、生まれたときから神によってその人生は定められている。私はそのような人生訓を信条として生きてきた。「人と人との出会いは神のみが知りうる運命の出会い」、その定めに抗するのではなく従うことによって、自分の人生を切り拓いてきたのだ。

この頃になって、ゼネストというのが、朝鮮半島有事を睨んでの革命への左翼の予行演習でしかないことだけは分かったが、どうしても許せないという気持ちを抑えることができなかった。若い頃から歩んできた反共・愛国という信念が私をこの運動へと駆り立てて行くのだった。

当時、大阪広域生コンクリート関係者から紹介されたゼネストの映像を、私の映像サイト『はとらずチャンネル』に上げてみた。視聴回数があっというまに3千、5千と増えていった。それだけ衝撃的だった。チャンネルでは次のようにYouTubeの映像を紹介した。

この連中の親玉である関西生コン労組の執行委員長の武建一は、生コン業界から長年カネを脅し取っていた。年間で4億円以上、2年で8億、課税対象の5年まで遡れば、何とそれは20億円以上にもなる。

昨年、生コン業界の組合は何十年にも渡って続いてきた、この不正な支出を昨年11月末に止めた。理由は簡単で「労働者の為に使っている」と言いながら、その具体的な使途に対する説明を求めたら、全く説明しなかった。そもそもが工場で生産した生コンを工場から出すだけで、1リューべ当たり100円のカネを渡していた時点でおかしな話です。請求書もない言わばヤミ資金同然だ。

この巨額なカネが極左の暴力集団に流れており、それが沖縄辺野古反対運動や国会前での共謀罪成立阻止、そして迷惑な話ですが福島県の反原発運動などにもわざわざ大阪からやって来ていた。この資金を止められたから、労働者の権利だ！　などとうそぶいて押しかけ、このような怒号を浴びせ嫌がらせをしている。これまで紹介した映像は大阪広域生コンクリート協同組合（加盟160社）が、自らのサイトに上げたものです。

そして大阪広域生コンクリート協同組合の公式ＨＰには次のように書かれていた。

威力業務妨害事件及び組織犯罪に関して

連帯労組の組織犯罪に対して、当協同組合は『威力業務妨害・組織犯罪撲滅対策本部』を設置しました。

これまで我慢に我慢を重ねてきたが、大阪広域協組は今回の威力業務妨害、及び過去の犯罪行為に対しまして、大阪府警本部、兵庫県警本部、地検特捜部の捜査に全面的に協力し、武建一の犯罪的行動を徹底的に追及します。

平成29年12月19日

今回の武建一討伐運動が大阪広域から依頼され組合潰しのために来たなどと散々言われたが、その目的はこの犯罪行為の周知徹底を関西一円で繰り広げる広報啓蒙活動だった。何ら違法なことではない。署名活動への協力、そして広報活動の一端を担ったことへの報酬を頂いたことも事実だが、それは何の罪にもならない。そのことだけは明確にしておく。

ゼネストと称した違法な威力業務妨害とは、どれだけの規模だったのか？　当時それをブログで伝えていた。

12日から連帯ユニオンや関西生コンはゼネストに入った。では、どのような事をしでかしたのか？

生コン各社はこのような大手のセメント工場からセメントの原材料を買って、自分の各工場に運び込み、そこで練ってミキサー車で工事現場に運びます。

このような大企業のＳＳ工場に対して連帯ユニオンは当日２４４名の活動家を動員し妨害活動を試みた。

・三菱セメント
大阪ＳＳ、堺ＳＳ、尼崎ＳＳ、神戸ＳＳ、舞鶴ＳＳ、姫路西ＳＳ、高砂ＳＳ、海南ＳＳ
・住友大阪セメント
堺第2ＳＳ、なにわＳＳ、大阪ＳＳ、東神戸ＳＳ、向日町ＳＳ、和歌山ＳＳ、朝来ＳＳ、新宮ＳＳ、下津ＳＳ、姫路第二ＳＳ、淡路ＳＳ、赤穂ＳＳ
・太平洋セメント
京都ＳＳ、大阪ＳＳ、堺ＳＳ、神戸ＳＳ、姫路ＳＳ、和歌山ＳＳ、由良ＳＳ
・トクヤマセメント
大阪ＳＳ、岸和田ＳＳ、海南ＳＳ、神戸ＳＳ、姫路ＳＳ、由良ＳＳ
・麻生セメント
大阪ＳＳ、尼崎西ＳＳ、由良ＳＳ、姫路ＳＳ
これらの工場に活動家が連日押しかけた。

◯12月12日（火曜日）　２４４人
◯12月13日（水曜日）　２２２人

○12月14日（木曜日）　２１５人
○12月15日（金曜日）　１７６人

連帯ユニオンや関西生コンの抗議と称する妨害行動は４日間に渡って続いたが、これで工場の操業はストップして原材料の供給を受けられない各会社の生コンクリート工場は営業が出来ない。

これに対して中小企業の経営者で組織する大阪の協同組合は、これまでとはまったく違った対応を採ることを決議した。

即ち左翼労組の嫌がらせに屈することなく、戦う道を選択した。もう、これまでのようにゼネストが行なわれれば、その脅しに屈していう事を聞いてきた、これまでの解決方法を拒否した。

よって彼らは何の成果も上げることが出来ずにストライキの解除を決定するしかなかった。左翼労組のやりたい放題、法を無視するような暴力的な騒動に対しては、警察への徹底した取り締まりを求める署名活動も始まる。最終的には6万人の署名を求めて立ち上がった。

しかし、この極左労組がこれで黙って引き下がることはないでしょう。これからがまさに正念場を迎えることになります。

この記事を書いた頃は既に気持ちは固まっていた。関西の地においてこの連帯労組と戦うことが自分の使命であり、そして責務であると固く誓って幟旗や大阪の地で流す街宣テープの作成も丁度終わっていた。それが平成29年12月の末頃だった。師走のりんご販売は東京神楽坂で3日間行なった。30日、31日、そして1日、2日、3日で店仕舞して一旦は福島県に戻り、健康ランドで何日か過ごし、ついに私は人生で初めての大勝負に出た。

「武建一討伐運動」、それはとても1年で終わるとは考えてもいなかった。2年、3年という長期間にわたる戦いであると肝に銘じて福島県を離れた。

（2）「武建一討伐運動」の始まり　平成30年元旦に宣言

年も明けて平成30年元旦の挨拶は、これまでのブログ記事だけではなく、ＹｏｕＴｕｂｅの映像も公開した。この映像こそが自分の最大の武器である。連帯労組関生支部を追い詰めて、武建一執行委員長を倒す第一声は映像で直接支持者に呼びかけることだった。

普通は正装して事務所などからの放送となるが、私の場合はまだ東京神楽坂のレンタル店舗でりんごの販売をしていたので、普段着のままだ。しかも、その前日の大晦日には漫画喫茶で年越しして朝を迎えた。
映像のバックにはりんごのダンボールが高く積まれていた。三が日はまだ商売を続けなければならない。私はこの映像の中で次のように宣言した。

ゼネストなどは許されない。私が23歳の時に全国で労働組合が公務員のスト権を求めてストライキに入った。一週間も続いたでしょうか？　役所の業務はすべて全国でストップ。当時、一番過激であった国鉄の労組が電車を止めてゼネストを宣言したので、大混乱に陥った。
このゼネストはやがて収束に向かう。それはマスコミでもなく、政治家でもなく、警察の力でもなかった。それは一般の国民の怒りだった。列車の利用客が駅から線路上を歩き列車に投石を始めた。もう、警察官でも止められないほどの大掛かりな暴動へと発展した。その怒りの矛先が自分たちに向かうことを恐れた組合はほどなくスト権ストを解除した。

私が訴えたかったのはこの事実だった。国民の怒りを結集して戦う。それは新しいメディアであるＹｏｕＴｕｂｅを使い、国民の多くがこの左翼労組に対する怒りを共有する。そのことなしにこの左翼暴力労組に立ち向かうことなどできない。もちろん戦うと言っても暴力労組に対して暴力で立ち向かう訳ではない。

★威力業務妨害事件をきっちりと法の裁きにかける。
★違法ゼネストで迷惑を受けた方々への謝罪と補償をさせる。
★ヤミ資金の全貌を明らかにして、国税庁の査察を要求する。
★政治家に流れていると思われる闇献金を暴く。
★朝鮮総連や北朝鮮との関係を明らかにする。

これらを、連帯ユニオン関生支部に要求し受け入れない限り、この反日売国奴の組織が解体されるまで、大阪の地を離れるつもりはない、と力強く宣言し大阪に向かうことにした。3日まで東京にいて1月6日には大阪に入ることを宣言した。

大阪に入りついにその日を迎えた。武建一討伐街宣の第一声を発する時だ。実はこの日は朝から天候は雨でトランプ大統領の訪日歓迎パレード以来、私には「雨男」の良からぬあだ名が付き始めていた。やはりその前夜は珍しく眠れなかった。

だが、「初陣《ういじん》の朝・気力も十分」と朝のブログには書いた。この年齢で初陣などとは恥ずかしい限りだが、その言葉以外には思い当たらなかった。これからの戦いは一点突破の戦いとなる。相手はこのヤミの集金システムを作り上げた執行委員長・武建一率いる連帯ユニオン関生支部である。

大阪府の生コン業界の会社は資金の流出を止めた。しかし、まだ出し続けている府県もある。

10年間で作り上げた利権の牙城を守る為に、彼らも死に物狂いで来るだろう。我々も負ける訳にはいかない。この戦いの地平線のかなたにこそ、日本の未来がある。

20歳からの反共愛国運動の総仕上げの戦いだ。日本最大の極左暴力組織の資金源を断ち壊滅させる。その中で我々は新たなる政治の展望を開く。何が労働運動だ！　闘争だ！　汚いカネを集金してきた単なる守銭奴のボスでしかない。辻元清美・福島瑞穂両議員も落選させる。その戦いの火蓋は今日切られた。

大阪最大の繁華街、梅田駅前で午後1時から街宣は開始された。続々と人々が集合し始めた。その数は３００名を超えるまでに膨らんだ。これほどの規模の街宣をしたことはなかった。私の呼びかけに応じて集まった従来の支援者。それと大阪広域生コンクリート協同組合傘下の経営者や労働者だった。

翌日のブログでその日のことを報告した。

昨日、この暴力労組・連帯の手下と思われる連中数名が、遠く離れた場所から偵察していたようです。カメラで写していたので「お前ら、何してる」と声をかけたら、すごすごと逃げ去って行った。このような恫喝団体・暴力団体がのさばるような社会を変えていかねばなりません。この暴力労組は福島瑞穂、辻元清美を応援しています。

２０１８年の幕開けは熱戦の時代の始まりです。共に社会正義の為に戦わん！

コメント欄には激励の言葉が相次いだ。

★瀬戸先生はじめ皆様、寒い雨の中ご苦労様でした。
出だしの第一回目は大成功。
実に心強いです。「悪」との直接対決。お体に気を付けて頑張ってください。
★瀬戸先生、本当にご苦労様です。
大阪で建築業を営んでますが建築資材が値上がりしだしたのはつい最近のことです。
でも唯一生コンだけが３～４年前から倍近い値段になりました。
★反日極左暴力集団たる『連帯ユニオン』は沖縄基地反対運動までしている関西生コンでの労働組合の活動たる範疇《はんちゅう》を完全に逸脱しており、これまで様々な反日活動・デモに跳梁跋扈《ちょうりょうばっこ》・暗躍している。
普通、生粋《きっすい》なる日本人なら絶対に避けるであろう『街宣車のカラーリングが北朝鮮の国旗』だったり工事現場に北朝鮮の国旗が立ててあったり、ハングル文字を常用しますかね？　国旗を使うなら日本人でしたら『日の丸』でしょうよ。

大阪広域生コンクリート協同組合の公式サイトにも紹介された。

1月8日（月）13時ヨドバシ梅田前にて、瀬戸弘幸氏による街頭演説が行なわれました。雨模様にもかかわらず、たくさんの方々が足を止め、聞き入っておられました。そして、私たち協同組合の関係者も、瀬戸幸弘氏及び関係者の皆様による力強い言葉に感銘を受けました。

大阪広域生コンクリート協同組合は、この連帯関西地区生コン支部に関する問題に決着をつけるという決意を新たにすると共に、今後も、瀬戸氏の活動を全面的に応援していく所存です。

瀬戸弘幸氏の公式ホームページにて、街頭演説の様子をご覧頂けます。

私はこの後38度の熱を出して3日間ほど寝込むことになった。医者の診察ではインフルエンザA型と診断された。風邪で寝込むなど記憶がないほど昔のことで、本当にこの3日間は苦しかった。病気のせいばかりではなかったと思う。慣れない土地に来ての緊張感がやはり自分を追い詰めていたのだと思う。

体調はなかなか回復しなかった。そのことで皆様には心配をかけてしまった。

連帯ユニオンの反応は早かった。そして予想した通り「差別主義者（レイシスト）と連携する広域協組」の反応だった。そこで私は次のように書いた。

私のブログを少しでも見ているならば、私が人生の大半を反共愛国の思想を持って行動してきた人物である事はすぐ分かるだろう。

左翼共産主義者と最後の人生をかけた戦いの為にやってきた。お前らを差別したりはしない。同じ日本人として許せない。

左翼思想を捨てるというなら話は別だ。左右のイデオロギーの戦いを恐れていては、話にならんぞ、武　建一よ。マルクス主義者なら歓喜身ぶるいするほどに嬉しくはないのか？

実はこの差別排外主義者として私を批判したことが、武建一執行委員長の失敗であったと考える。左右の激突と見なせば、もっと前々から彼らも警戒し、そして団結したであろう。しかし、この時、武建一執行委員長は私からの挑戦を逃げてしまった。私を右翼反動として認識せずに、差別排外主義者などとレッテル貼りして、左右の対決から逃げてしまった。

資本主義が危機に瀕した時に独占資本の走狗として現れて、労働組合に対する弾圧攻撃を仕掛けてくるのが本来の右翼ではなかったのか？　関生支部は我々をエセ右翼などと称し、差別主義者として、この戦いから逃げてしまったことが最大の失敗だったと分析している。

（3）連帯ユニオン関生支部の被害者の声

最初に私が手がけたことは関生の嫌がらせの被害にあっている人たちへの取材だった。これは広域生コン協同組合からの情報を得て直接会って話を聞いた。それをまとめているので紹介する。

今年（平成31年）の正月元旦は静かなものでした、例年ならば社長の自宅などに現れて嫌がらせを得意としてきた関生支部の連中でしたが、今年はトップの武建一が大阪府警の留置場にいるので、それへの抗議や糾弾デモに変わってしまった。被害者にしてみれば何年も来られたのに、今年は現れなかったというので、こちらにわざわざ感謝のメールを頂いたケースもあった。

これから紹介する会社の場合ではないが、こちらにも嫌がらせには来ていなかった。もう、何年も武建一は出てこれそうもないので、ここ数年は静かなお正月を迎えられるのではないか。これは当時新聞に掲載して配布したものだ。

極左「極悪」暴力労組・連帯ユニオンによる　極東一生コンクリート工業㈱への嫌がらせ！
これが連中の言う労働運動・争議の実態に他ならない

早朝七時に大勢での訪問……
「社長、おめでとうございます」その第一声から始まる企業恫喝・恐喝の総攻撃！

大阪府内および和歌山県内など近畿一帯で極悪労組『連帯ユニオン』への糾弾街宣が本格化した。『大阪広域生コンクリート協同組合』に加盟するコンクリート工業会社『極東一生コンクリート工業株式会社』（大阪市西成区、尾田左知子代表取締役）が連帯ユニオンからの攻撃を受けたという。

それもつい先日、今年（平成三十年）元旦のことである。連帯ユニオンの労組員たちが元旦の午前七時キッカリに極東一生コンクリート・尾田社長の自宅インターフォンを鳴らして押しかけて来たのだ。連帯ユニオンによる「自宅前街宣」は七時から八時にかけ、計ったようにキッカリ一時間。

極東一生コンクリート工業の尾田社長はこれまで縁のある人には出来るだけの誠意を見せて

きたという。まことに度量の深い人だと言えよう。

その極東一生コンクリート工業の尾田社長に対して、「（契約にもない）枠を増やせ」だとか、「守れ」と要求しているのが連帯ユニオンである。本当の解雇とは何の関係もない問題での主張ばかりだ。

極東一生コンクリート工業の尾田社長と御家族は長年付き合いのある弁護士と相談の上、連帯ユニオンに対して内容証明を送ることにしたという。会社経営者に対する不当な言いがかりと集団的な圧力。それが経営者のみならず、その御家族の業務や生活まで脅かしているのだ。まさに労働争議に名を借りた嫌がらせで、一種の「集団ストーカー犯罪」だと言えよう。

もう一件、和歌山県内の嫌がらせ行為を紹介する。これは和歌山県内の『湯浅生コン㈱』代表取締役・柳瀬岩生社長への嫌がらせである。

早朝、徒党を組んだ20～30人もの労組員が大挙押しかけ、加盟業者の敷地内に停車したミキサー車でゼネラル・ストライキを決行すると宣言。加盟業者が生コン運搬に関する契約解除を示唆すると、今度は「下請けに仕事を寄越せ」と強要。他の運送業者に発注して生コンの運搬をしようものなら、連帯労組員が行く手を阻み、強引に割り込んでは「雇え！」と威圧。まさに威力業務妨害の「組織的犯行」であった。

和歌山県有田郡湯浅町にある加盟業者・湯浅生コン㈱に対しては同じく早朝、50～60人ほどの複数団体からなる連帯労組員が押しかけ、「団交（団体交渉）に応じろ！」と要求してきた。同社の柳瀬社長は「ほな（それなら）、何月何日に話し合いをしよう」と回答。その場は一旦収束したかに見えたが、大勢で押しかけた連帯労組員らは一向に帰ろうともせず、会社敷地内に不退去を続けた。

このままでは業務に支障をきたすと判断した柳瀬社長は連帯労組員らに対し、工場敷地内から退去するように促したが、それを契機に屯《たむろ》していた連帯労組員らが口々に騒ぎ出す。柳瀬社長に因縁を吹っかけ、数十人の連帯労組員が柳瀬社長一人を取り囲んで大騒ぎを始めたのだ。

連帯労組員らは最初から話し合いなどする気はなかったのである。大勢で柳瀬社長一人を吊るし上げ、騒ぎを起こすこと自体が目的だったと言っても過言ではない。

彼ら連帯にとっては労働現場を混乱させ、全面的に事業を停滞させることさえ出来れば良かったのである。集団での威力を背景にした組織的な嫌がらせに他ならない。

大勢で取り囲まれた柳瀬社長のことが心配になり、湯浅生コンの従業員らが駆けつけるが、連帯労組員は数十人で人垣を作っており、寄せ付けないばかりか、人垣の中で何が起きているのかも見えない状況を作った。

多勢に無勢とはこのこと。大勢の連帯労組員に取り囲まれた柳瀬社長は襟首を引っ張られ、引きずり倒されそうになる。「何すんねん！　やめんかい！」と手を振りほどこうものなら、忽《たちま》ち連帯労組員が「暴力振るうな！」「暴言吐くな！」などとなおも詰め寄っては殺到する。

自ら襟首を掴むような暴力を振るっておきながら、暴力を振るわれたかのように大勢で口々に演出。これは極左過激派にも見られる巧妙な「被害の演出」と「加害者への仕立て上げ」である。

揉みくちゃにされる中、遂に柳瀬社長は連帯労組員らに引き倒されて地面に転倒した。人垣の中、連帯労組員がゾンビの如く殺到する中、さらに陰湿な暴力行為が行なわれた。後に柳瀬社長が病院で診断を受けたところによると、蹴られたり踏みつけられたりした痕が肩に残るくらいの集団による陰湿な暴力だったという。

湯浅生コン従業員らの通報で和歌山県警の警察官が事件現場に急行して来たが、連帯労組員の幹部が応対して「これは労働争議です」などと述べて警察の介入を阻む。

警察が駆けつけたこともあり、その場はどうにか収拾されたが、連帯労組員らは「（柳瀬）社長が自分で転んだ」「暴言を吐いて暴力を振るっておきながら被害者ヅラしている」などなど、さも柳瀬社長が労働争議にも応じない悪徳経営者だと言わんばかりの悪態に終始したものである。

ここでも柳瀬社長に対する巧妙で卑劣極まりない被害の演出と仕立て上げが繰り広げられた。

前述のように大勢の人だかりによる人垣の中でのことだったので、湯浅生コン従業員らによる明確な目撃証言は取れ難いし、証拠映像・画像を収録しようと従業員らが構えたビデオカメラにも決定的な暴力行為の瞬間は映されていない。

ただし、柳瀬社長が用意して懐にしまっていたＩＣレコーダーには連帯労組員の罵声が録されていたが、それとて連帯労組員らは直接的な威嚇《いかく》や脅迫にならない文言だけを使っており、狡猾《こうかつ》な嫌がらせや所謂「集団リンチ」が事件化することはなかった。

「奴らはダテに中核派（極左過激派）の弁護士らを呼んで学習会をやっているわけではありませんね。法律的な問題とか、何をやってはイカン……ここまでなら大丈夫といったことをきちんと学習しとりますわ。労組なんて言うてますけど、もう中身は学生時代から左翼運動をやっていた完全な極左過激派で、中核派なんですわ」（柳瀬社長）

まさしく連帯労組員らによる嫌がらせだが、これにとどまらない。

絶えず会社（湯浅生コン）の付近で「集団ストーカー」の如く連帯労組員が張り付いては出入りの車や人をチェックし始めた。それも同一の連帯労組員が四六時中、張り付いている訳ではなく、日や時間帯によって見張り役は入れ代わり立ち代わりする。同一の者がやっていれば「つきまとい防止」を定めた和歌山県条例に引っかかることを警戒してのことだろう。

連帯労組員らによる嫌がらせは湯浅生コンや同社の柳瀬社長個人にとどまらない。柳瀬社長の娘さんが勤務している和歌山市役所にまで押しかけては抗議行動と称し、街宣車の拡声器を用いた執拗《しつよう》な嫌がらせを繰り返す。

公共工事にも絡む正当な抗議行動であれば、市役所に限らず、和歌山県庁にも行って良さそうなのに、なぜか柳瀬社長の娘さんが勤務する和歌山市役所にのみ攻撃が集中した。

（4）労働運動と巨額なお金

まず、どれだけのお金が連帯労組関生支部に流れていたのか？　それを最初の段階で調査した結果があるので、取り上げておく。このお金は、私が大阪に入った時には既に大阪広域生コンクリート協同組合はストップしていた。

平成30（２０１８）年1月9日といえば、私が大阪入りして初めて連帯ユニオン関生支部と武建一執行委員長を糾弾した翌日だ。

大阪広域生コンクリート協同組合は木村理事長名で次のような声明を公表した。武建一執行委員長に宛てた書面だ。一部紹介する。

「貴殿は労働者の為、業界の為、色々と理由をつけてはいますが、結局のところ、すべてのことは私利私欲の巨額な金銭目的でやっていることは明らかです。約2年に渡り当協同組合から大阪兵庫生コン経営者会を介して得た4億5264万5091円は一体どこに消えたのですか？」

　実はこのお金の内訳は次のようなものだ。

一般社団法人　大阪兵庫生コン経営者会
平成27年12月～平成29年11月各支払い先入金額
・生コン懇話会　3672万0000円
・組合総研　1億3299万1980円
・協同会館アソシエ　1644万6111円
・グリーン　4972万0000円
・KU会　306万0000円
・労働学校アソシエ　4229万5000円
・渡辺千賀子　351万2000円
・近畿生コン関連団体　121万0000円
・連帯　1億6667万0000円

合計　　　　　　　　4億5264万5000円

これだけのお金が連帯に払われていた。この中で住所が同じ所にあるものを挙げてみる。

・大阪市東淀川区淡路3－6－31　協同会館アソシエ

続いて代表者が武建一執行委員長になっているものだ。

1生コン懇話会　2組合総研　3協同会館アソシエ　4KU会
5労働学校アソシエ　6連帯ユニオン関生支部

この全てが武建一執行委員長の懐に入ったものである。それにしても巨額なお金を独り占めとはご立派過ぎる。

また、上記に含まれていると思うが、交際費として次のような記載もあった。

■28年度交際費　　　　193万7500円
慶弔見舞金　　　　　　37万7500円
尾上部屋講演会年会費　40万0000円
尾上部屋チケット代　　62万5000円
各種イベント参加費　　25万5500円
連帯コンペ　　　　　　11万0000円

連帯フェスタ協賛金　　　　　　　　　　１５万００００円
渡辺千賀子チケット代　　　　　　　　２０万００００円
辻元清美チケット代　　　　　　　　　　１２万００００円
政治家パーティー券　　　　　　　　　　　７万５０００円

■更に諸経費
広告費　　　　　　　　　　　　　　　　　５３３万８０００円
（これは連帯の機関紙『提言』や沖縄意見広告運動などとあるので連帯関連と思われる）
新聞図書費　　　　　　　　　　　　　　　１１５万３９５８円
　　　　　　　　　　　　　　　　　　　　　　７００，０００円
（これもコモンズやアソシエの機関紙購入費となっている）

現在も続いているものがある。お金を取っていながら批判しているのだから、どうにも信じられなかった。

先ほど述べたゼネストについて、連帯ユニオン関生支部は以下の成果があったとしている。

たたかいの結果、滋賀、京都、奈良、和歌山の各協組、大阪兵庫生コン経営者会、バラセメント輸送協組が、生コンミキサー車の日額運賃５万５０００円、バラセメント車運賃トン当たり510円を受け入れた。

（情報提供：全日本建設運輸連帯労働組合 書記長 小谷野毅）

ところが、同じ関西生コンのこのゼネスト報道を後に撤回したところがある。コモンズという同じく左翼のニュースサイトだ。そこには次のようなお詫びの文面があった。（平成29年12月11日）

訂正とお詫び
本記事の見出しで「関西生コン 労組連合会12／12早朝からゼネスト突入」とありましたのは、正しくは「関西生コン労組連合会の2労組（全港湾大阪支部・連帯労組関生支部）」でした。

どういうことかと言えば、全産業の労組が参加した所謂ゼネストとは程遠い、関西生コンともう一つの労組だけのストライキであったことが判明したのだ。他の労働組合がこの関西生コンのゼネスト騒動をどのように捉えていたのか？ そのことに関してもう少し詳しくお伝えする。

連帯労組による一連の行動に対する見解

一、共闘体制の停止

この度の連帯ユニオン関西地区生コン支部（連帯ユニオン）の行動は、労組連合会の共闘のルールである「目的達成のため、各労組の自主性・主体性を尊重し、共闘関係が継続している間は労組間の誹謗中傷は行わない。また課題推進途上にあって、労組間及び集団的労使関係に問題が生じた場合は、労組間において問題解決にむけて協議を尽くす」を逸脱した行動であった。

大阪兵庫生コン経営者会はじめ関係諸団体との協議を尽くさずに、この度の「スト」と称する行動が実施されたことは、関係諸団体への背信行為である。にも関わらず、これを「裏切り行為」などと嘯き、自らがとった行動を正当化することは本末転倒であり、身勝手な論調と言わざるを得ない。

２０１５年５月18日に各労組の主義主張・路線・方針の違いを乗り越えて発足した共闘体制が崩壊した原因は、連帯労組の独善的な言動であることを内外に明らかにする。

『近畿生コン関連協議会』創刊号より

２０１８年1月24日、生コン産労・建交労・UAゼンセンの3労組が、近畿生コン関連協議会を発足させた。その協議会が発行した機関紙に、連帯労組による一連の行動に対する見解が記載されたのだ。

関西生コンのゼネストなどと称するものが、いかに独りよがりで労働団体からも総スカンの出来事であることはこの機関紙を見れば一目瞭然である。

ヤミ資金を断ち切るべく立ち上がった大阪広域生コンクリート協同組合

環境整備費なるものは1立米当たり１００円〜１７０円というヤミ資金を指すものだが、それを武執行委員長は「我々の権利であり広域協の対応は不当労働行為」と言っている。連帯ユニオン関生支部が昨年12月に始めたゼネストとは一体何であったのか？　それは労働者の為ではなく、自分たちの労組の利害関係に大きく関わることだった。そのことについて明らかにしておきたい。

生コンはあらゆる工事に必要不可欠なものだが、これはまずメーカーから材料を購入し、それを各プラント工場で練ってミキサー車で現場まで届ける。この練ったセメントを工場から出荷する際に連帯ユニオンにお金が支払われていた。

どのようなお金なのか？　それについて説明する。連帯ユニオン関西生コン支部はこの各生コン工場から出るセメントに対して、環境整備費なる名目で1立米当たり100円～170円という金額を上乗せしていた。これは長年の慣例のようなもので、本来ならば出す必要のまったくないお金だった。この長年の悪弊を、まず大阪広域生コンクリート協同組合から断つことにしたのだった。

第三章

主戦場となった和歌山

（1）和歌山において連帯ユニオンが大暴れ

まずは次ページの2つのチラシをお見せしよう。これは連帯労組関生支部が出したチラシだ。これには連帯労組関生支部について真逆なことが書かれてある。関生支部というのはこのような体質を持った組織だ。つまりは、自分たちのことはあくまでも正当化して他の者を悪役に仕立てている。

このチラシを見せられた時、私は即座に「こちら側から取ったのにもこういう映像のものがありますか」と、大阪広域協組の威力業務妨害対策本部の方に聞き、それを見せていただいた。そしてこの映像を直ちにユーチューブにアップすることを提案したのだった。

それがどうなったか？……まさに驚異的な数字となって表れた。1年間で800万回以上の再生数となっている。この動画の再生数の増加率は他に例を見ないだろう。上野のパンダを抜き去った。これでもう勝負あったと同じだった。

この映像はユーチューブで『連帯　当たり屋』で検索してもらえば一目瞭然だ。嫌がらせをしていた連帯ユニオン労組員を撮影していた人の車を無理やり停止させて、停車寸前の車に連帯ユニオンの木本（仮名）なる人物（後に滋賀県警に逮捕・起訴）が、すばやくボンネットに

(1)　連帯ユニオンニュース　発行2017年8月

停車し車に近づいたところ急発進！
運転手は㈱セイシン・レミコン社長代理

執拗付け回し、さらに殺人未遂事件を起こす！

【追い回されたうえ追突される！】

8月25日、私たち労働組合事務所に暴力団を使い威圧をかけたことに対する抗議活動を行っていました。和歌山県生コン工組理事長の丸山克也が経営している㈱セイシン・レミコン（和歌山県日高郡日高町志賀岩戸）工場周辺から数キロにわたり街宣車を執拗に付け回してきました。

付け回す車を停車させ、運転手に付け回す目的を確認しようと車両に近づいたところ、急発進させ組合員に車をぶつけてきました。追突された組合員は、はね飛ばされ転倒し救急車で緊急搬送されました。病院で診察を受け全治2週間と診断されました。

急発進させた車輌を運転していたのは㈱セイシン・レミコンの社長代理でした。

救急車が到着しケガ人の状況を確認

連帯ユニオン関西地区生コン支部　大阪市西区川口2−4−28　Tel 06(6583)5546
連帯ユニオンニュース　2017年8月

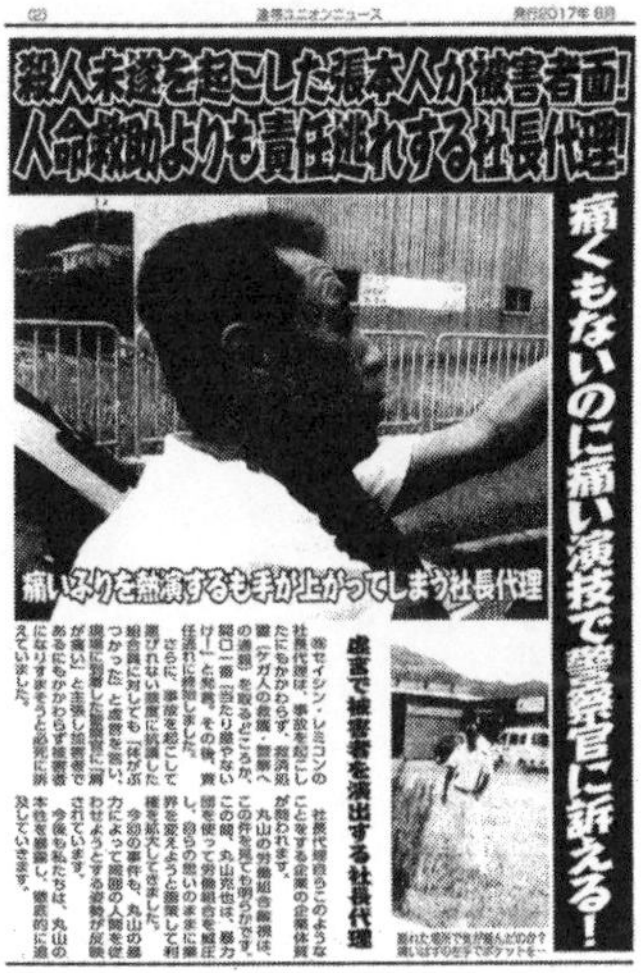
(2)　連帯ユニオンニュース　発行2017年8月

殺人未遂を起こした張本人が被害者面！
人命救助よりも責任逃れする社長代理！

痛くもないのに痛い演技で警察官に訴える！

痛いふりを熱演するも手が上がってしまう社長代理

虚言で被害者を演出する社長代理

飛び乗って道路に着地、「轢《ひ》かれた！　轢かれた！」などと大騒ぎして恥ずかしげもなく当たり屋として被害を演出していた。

その後、この木本は他の生コン工場への嫌がらせにも現れた。その時は松葉杖をついており、映像を見ると行ったり来たりしているが、その負傷を装う足が入れ替わる。もう呆れ果てると言うか、この演技野郎には笑いしかない。

さて、嫌がらせはこれだけではなかった。宣伝カーでの連呼だけでは収まらず、特に標的とされた和歌山県生コンクリート工業組合の丸山克也理事長への攻撃は常軌を逸する嫌がらせだった。同理事長の知人が自宅から車でスーパーへ買い物に出る際には複数の車での尾行が行なわれた。

一台の車だけで単に後ろについて最後まで走行すると「つきまとい」や「ストーカー行為」とな

り、軽犯罪法に引っかかることを連帯ユニオン関生支部は熟知しており、数台で代わる代わる追尾してきた。入れ代わり立ち代わり違う顔ぶれの労組員が互いに連絡を取りながら追尾して、必ず何十メートルか離れながら運転。先回りしている車と交代するなど、実に巧妙極まる卑劣な行動の繰り返しだ。

私たちも大阪の現場では似たような嫌がらせを散々受けたが、これほど執拗につきまとう団体などこれまで遭ったこともなかった。さすがは長年にわたって嫌がらせを繰り返してきた彼らの考えることは違っていた。

当時取材に応じていただいた丸山理事長は次のように答えていた。

警察自体が可能な限り、法律を適用して騒ぎを収めようと努力はしてくれてはいますが、相手が「労働組合」とか「労働運動」などを主張するため、これを理解しきれていないので、どうしようもない状態です。どこから手をつけて、どこをどうすれば嫌がらせを止められるのか？　官民が協力してこのような労組の全貌を把握していないと何もできません。

たとえ、つきまとい防止とか軽犯罪法違反容疑で摘発しても、連帯ユニオン関西生コン支部の「本丸」に踏み込まない限り決定打にはなっていないのが実情なのです。

この原稿を書いていたときも、和歌山県警は何もすることができないでいた。これは他の警察もそうだとばかりは言えない。なぜならば、滋賀県警の組織犯罪対策本部はそれを調べ上げ逮捕して立件、起訴までしている。何がどのように違ったのか？　単に能力の違い以上のものを私は感じた。つまりは〈やる気〉だ。和歌山県警にはそれがまったく感じられなかった。
では、和歌山県のこの騒動はどうして起きたのか？　それを次に書くことにする。

（2）嫌がらせの発端とその後の戦い

コモンズという連帯ユニオン関生支部から資金援助を受けている新聞の平成29（2017）年の10月10日付号に短い記事ではあるが、8月23日の出来事として次のようなものがあった。

近畿地区生コン関連団体労使懇談会
【近畿地区生コン関連団体の労使は23日、大阪市西区川口の「労働会館・関生」で第29回目の近畿全域の懇談会が開催された。今回の再建のモデルケースと言われる和歌山地域で、地区の工業組合理事長M氏自らが第二協組を立ち上げ、安値販売や反社会的勢力と結託するなど混乱や職場での暴力的支配を続ける現状が報告された。】

連帯労組・関生支部お得意の事実とは違う報告記事だ。ではこの頃何が起きていたのか？滋賀県で連帯ユニオン関西生コン支部の武執行委員長が逮捕されたのは、自分の配下の生コン組合が清涼飲料メーカーから生コンを受注出来なかったことに腹を立て、そのメーカーに対して仕事を回すように強要して、抗議街宣などという手段で工事現場などでも嫌がらせを行なったためだ。

そのことが恐喝未遂容疑となり逮捕され、そして起訴されて今後裁判になる。実はこれは滋賀県だけではなく、他の関西地区、例えば和歌山県などでも行なわれていた。

和歌山県内には元から連帯ユニオン関西生コン支部の武建一執行委員長と親密な関係にあった生コンの協同組合があった。対して武建一執行委員長とは一線を引いている生コン会社もある。

そのような会社が仕事を受注した場合、どうなるのか？　それは滋賀県と同じことが起きた。公共事業の場合、発注者の地方自治体には脅しは効かないので、それを受注した会社への嫌がらせ攻撃が行なわれる。

昨年大阪入りして大阪市内を一巡してから和歌山に向かった。和歌山県内で連帯ユニオンが街宣車を走らせ、大音量で和歌山県内の会社を誹謗《ひぼう》中傷しており、また武建一執行委員長に従おうとしない生コン会社に押しかけ暴力行為に及び、その家族らに対しても執拗な嫌がらせを行ない、しかも生コン会社の工場に毎日嫌がらせの為に宣伝カーを横付けして、周りをうろついていたからだ。

和歌山県内におけるこの嫌がらせ行為は滋賀県と同様のことであるのに、和歌山県警はなぜかこれを捜査しようともしなかった。この時に取材したメモ書きが残っている。

箇条書きにしてあるのでそれを紹介する。全て29年の1月からのことだ。丸山理事長から聞いたものだ。

1. 和歌山市内（芦原地区団地）建替え工事を有田のH組が受注
2. H組は連帯ユニオンと関係ないU生コン会社に発注
3. これを機に連帯側が大型物件を連帯系の組合員の生コン会社に譲ることを要望し始めた

ここまでが1月中の動きである。そして2月に入ると、

4. 2月1日、連帯の武谷新吾書記次長から呼び出され、会談をするが、工事の話はない
5. 4月に入ると武谷書記次長が度々会社を訪れ、五洋建設から受注している海南市の水門工

事を譲るように要望があり、話し合いの結果譲った
6．A組から受注した物件も譲って欲しいとの要望
7．4月27日、武谷書記次長は芦原の物件で工事が始まれば、「我々はそれに対して街宣活動を始める」と言ってきた
8．5月8日以降、芦原現場、和歌山市役所、県庁を街宣カーで周回し始めて、受注したH組、納入しているU生コンに対する批判街宣とビラ撒きを始める

このようにして連帯ユニオン関生支部は、和歌山県内において大々的な街頭宣伝を開始。毎日数台の車両で押しかけた。

それから半年間も続いたというのだ。私が和歌山入りを果たした頃の1月中旬にそれは最高潮に達していた。我々は連帯の暴力的街宣とその執拗な誹謗中傷を批判して、連帯ユニオン関生支部との対決となった。労働団体の宣伝活動とみなさないで、和歌山県警が滋賀県警のように鋭く連帯に切り込んでいれば、和歌山県での騒動は早い段階で収まったのではないか？　そう思うと和歌山県警には今でも疑問を持たざるを得ない。

さて、これから86ページまでの記事はこの討伐運動に参加して、和歌山県内の生コン会社に一時勤務して働いた、私の弟子でもあり同志でもある有門大輔《ありかどだいすけ》氏のレポートである。

連帯ユニオン関生支部瓦解へ大きな前進！　和歌山・湯浅……有門大輔

生コン業界の人々（経営者、社員）の英断と実行力の賜りものだ！

平成30年2月9日（金）、『連帯ユニオンを糾弾する有志一同』は和歌山県内で街宣車を使った遊説活動を展開。

「たった一人の連帯労組員の離脱は今はまだ小さな光に過ぎないかも知れません。しかし、その決断と勇気が必ずや和歌山県内一帯の生コン業界に対し、大きな決断と勇気をもたらすことになるでしょう。共に戦いましょう」とする運動員の演説が街宣車両の拡声器を通じ、会社敷地内外へと高らかに響いたものである。

この日は、有田郡湯浅町の生コン会社『湯浅生コン株式会社（柳瀬岩生代表取締役）』から連帯ユニオン労組員の社員・玉田氏（仮名）が『連帯ユニオン（全日本建設運輸連帯労働組合）関西地区生コン支部（執行委員長：武建一）』を正式に脱退。今後、玉田氏に対して連帯ユニオン側からの嫌がらせや報復も予想されるため、一同が激励の街宣で勇気付けたものである。

和歌山県での生コン業界をめぐる当時の情勢

これまで連帯ユニオンは、当該企業に一人でも労組員が在籍していることを口実に、団体交渉やらストライキと称した嫌がらせを繰り広げ、「解決金」という形で資金をせしめてきた。

和歌山県・湯浅の生コン会社にも連帯ユニオン労組員が押しかけ、数十人で社長一人を締め上げて吊るし上げるような蛮行が平然と繰り広げられた。

連帯ユニオンの嫌がらせはそれにとどまらない。家族にまで及ぶ。同社社長の愛娘が勤務する和歌山市役所にも連日押しかけ、市役所前での嫌がらせの街宣まで繰り広げるに至った。家族まで標的にした集団的・組織的なストーキングのような嫌がらせは、まさにゴロツキの嫌がらせやマフィアの手口と言えるだろう。

労組員が脱退を表明した現在、連帯ユニオンが労働運動・労働争議に名を借りて会社側に攻撃を仕掛ける口実はない。

そうして各企業・各業界から集められた年間ン十億円にも上る資金が一部幹部の懐に入り、また他方では沖縄県での（米軍）基地建設への妨害工作や反原発デモ、共謀罪阻止や反安保のバカ騒ぎといった反日活動……一部反日議員の政治資金に投入されてきたのが実態であった。

元連帯ユニオン労組員となった湯浅生コン社員玉田氏は次のように語る。

「僕が（連帯ユニオンに）入会したのも、社長や会社側のお互いにとって有為な話し合いが出来ればと思ったからです。それで皆が潤うのであればと……。

事実、連帯ユニオンの誘い文句はそのようなものでしたが、いざ入ってみれば実態はまったく違っていたんです。

話し合いどころか……組合員が会社に50人も60人も押しかけて来て話し合いも何もないでしょう。交渉するにせよ話し合いするにせよ、2人か3人もいれば十分なはずです。

それを大勢で押しかけて喧嘩騒ぎのようなことを起こされてしまい……社長にも皆さんにも本当に迷惑をかけてしまいました。

僕は誓って言いますが、連帯ユニオンが何十人もで押しかけて来るようなことはまったく知りませんでしたし、聞かされてもいませんでした。

まったく奴ら連帯の言っていること、やっていることというのは全て嘘ですよ。

それで異議を申し立てようにも、いざ入会した以上は『文句を言うな！』『黙って従え！』でしょ？

今まで失業手当やら何やらで連帯ユニオンの言っていた通りになったことなんて何一つありません。

ある時、ユニオン・バッジをやるから……ということで10万円とか5万円を黙って寄付したことがあったんです。けど、お金だけ取られたままで、バッジなんて支給されませんでした。

『一体全体、どないなっとんねん？』って抗議したところで、『黙れ！』『文句言うな！』で終いですわ。

仕事がない……お金がない……の相談をしたところで、『なら、日雇いに行け！』ですよ。

デモとか集会とか……あと、ストライキとか争議とかの騒動では日雇いの人間も相当動員されています。

表向きは日雇いに行ったことにして、実際は連帯の動員に駆り出されて、後で連帯に労働印紙やらを貼ってもらってお金を貰うんですわ」

元連帯の労組員が語るユニオンの実態とは、さながら共産主義独裁国家そのものである。労力やお金を搾り取れるだけ搾り取り、一切の異論や批判を許さない。

加盟した労組員の存在など、暴動紛いの労働争議やストライキを起こすための口実。そのために仕立てられた「鉄砲玉」要員のようなものである。

その連帯ユニオンによる関西地区での生コン業界への支配構造が音を立てて崩れつつある。特に大阪府、和歌山県にあってはそうだ。

この功績は他ならぬ「生コン業界の人々の意志と決断」によってもたらされた結果であり、生コン業界の人たちの功績である。

生コンの各会社に対して仕掛けられた連帯ユニオンによる総攻撃も、今年（平成30年）1月から我々が関わる以前の昨年（平成29年）春先、夏ごろにかけてが最も熾烈だった。

生コン業界・会社の経営者、社員の人たちこそ、独自、且つ自力で果敢に連帯ユニオンの横暴に立ち向かい、そして一部からの排除に成功しつつある。関東から遠征した我々は、ただ、そのお手伝いをさせて頂いているに過ぎない。

和歌山県内で横暴を極めた連帯ユニオン関生支部

和歌山県での平成30年2月9日の行動に至るまでには大きな伏線があった。

連帯ユニオン関西地区生コン支部による和歌山県、特に有田郡湯浅町の湯浅生コン㈱での嫌がらせが熾烈化、常態化したことを受け、同年1月下旬には我々が同社社員として湯浅工場に常駐することが決まったのである。

それより約1ヵ月前の平成29年12月中旬、連帯ユニオンとの完全決別を決断した『大阪広域生コンクリート協同組合』の木村貴洋理事長を通じ、連帯絡みの相談事が持ち込まれる。それを受けて同年末そして年明けに相次いで関西・大阪入りするわけだが、大阪・和歌山での一連の行動を通じ、湯浅生コン社員として同社工場に常駐しつつ連帯ユニオンと対峙することとなったものだ。

同年12月12日、連帯ユニオン関生は近畿一帯で一週間にわたり、労組員約２５０人と車両約

1500台を動員し、生コンやセメント運送の運賃引き上げを要求してゼネストと称した暴動紛いのストライキを大々的に展開。生コン会社は通常、大手のセメント工場からセメントの原材料を購入して各社の工場へと運び込み、そこで練ってからミキサー車によって工事現場へと運び出す。

連帯ユニオンは購入したセメントの運び込みと、各工場からの運び出しという言わば「インフラ・ライン」や「流通ライン」の寸断を目論んだストライキを展開したのである（後にこれらの行為が威力業務妨害罪として武建一執行委員長以下、幹部ら組合員が一斉検挙されることとなる）。

大阪広域生コンクリート協同組合とそれに連なる各府県の生コン業者が連帯ユニオンによって巧妙にタカられてきた背景とは次のように集約される。

同組合の役員の一人は、「こう考えれば分かり易いんとちゃいますか（違いますか）？兵庫県の尼崎（尼崎市）で何の変哲もないオバちゃんに乗っ取られた家族が家族同士で殺人事件まで起こした事件があったでしょ？

傍から見ている分には『何であんなオバちゃんに？』『そこまで言いなりになって支配されてしまうわけ？』と思うやないですか。あれと原理は似ているのかも知れませんわ」と話す。

どこの世界にも、その世界に長けた「ドン」や「魔物」「教祖」が存在しているということだろうが、それを断ち切る勇気があれば破局的、破滅的な状況にはならない。

それまで大阪広域生コンクリート協同組合に加盟する業者は、本来なら支払う必要のない「環境整備費」という不当な代価を生コン1立米（リューベイ）あたり100円、年間にして約4億円もの巨額を連帯ユニオン関生に支払い続けていた。

「皆で潤えば良い」「皆が儲かればええやん」「少しでも労働者に還元されるんやったら」「業界全体が上手く回るなら武（建一）さんの言う通りにしとこうやないか」という思いからだったが、実際には何年も積もり重なった数十億円、数百億円という巨額が大阪・京都・和歌山・兵庫など各県の労働者に還元されることなく、連帯ユニオン関生支部の私腹を肥やす結果に終始していた。

「おかしいやないか！」となって大阪広域生コンクリート協同組合とそれに連なる関係者の怒りが爆発し、前述のような完全決別となったが、それに対する連帯ユニオンによる報復的な嫌がらせは広範で、組織的なものだった。（ここからの出来事は58ページから60ページに記載済みなので、そちらを見て頂きたい）

湯浅生コン常駐の使命と任務！

湯浅生コンにも連帯ユニオン関生支部の労組員が一人在籍しており、まさに連帯から足抜けするかどうかの瀬戸際のことだった。連日、同社工場の付近に連帯労組員が街宣車を停め、嫌がらせの常駐をしていたのも、この一人の連帯系社員の在籍を口実としてのものだった。

そのため、連帯ユニオンを糾弾する有志一同が湯浅生コン工場前に急行しては、嫌がらせの常駐を続ける連帯労組員との間で散発的な衝突が起きては和歌山県警の警察官が駆けつける騒ぎになったのが平成30年1月下旬のこと。そうした経緯があって、我々は2月上旬より臨時雇用の湯浅生コン㈱社員となり、同社の湯浅工場敷地内に常駐することとなった。

工場での常駐は同社敷地の外壁を工事する関係上、警備・交通誘導をするための要員としてのもので、それまで工場入り口付近にて嫌がらせで停められていた連帯ユニオンの街宣車は、工場から50メートルほど離れた空き地に停車するようになった。入り口付近から追い立てたこと。これが一つ目の成果と言えるものだっただろう。

常駐の名目としての警備業務は通常のアルバイトでも事足りるが、真の目的は連帯ユニオン労組員による嫌がらせに対して目を光らせ、睨みを利かせること。何よりも湯浅生コン社員であり、連帯ユニオンにも在籍する労組員をいかに足抜けさせられるかに成否は掛かっていた。

連帯ユニオン関生支部脱退の狭間で……

湯浅生コンの社風は、代表取締役社長である柳瀬岩生氏のモットーもあって、至ってアットホームなもの。平成30年2月の時点で湯浅工場には、まだ18歳未満で地元の高校卒業を間近に控えた現役女子高生（当時）が事務見習いで通勤していた。卒業式までの春休みの期間を利用して早くから見習い期間に入って事務所の清掃に従事していた。聞けば地元の居酒屋でアルバイトをしていたところ、客として店に来た柳瀬氏から一本釣りの形でスカウトされ、そのまま湯浅生コンに就職する運びとなったそうだ。

柳瀬氏には和歌山県の生コン業界やら生コン組合などで、人の上に立とうという気はサラサラない。生コン業界に散見される傾向だが、誰もが現場からの叩き上げである中、柳瀬氏は特に一本独鈷《どっこ》の性質が強く、自身で立ち上げた会社を従業員らとともにアットホームに成長させることを夢見ている。

有田市の湯浅生コン工場に常駐が始まった初日より、同工場の事務所一階にある休憩所を待機場所とするようになった。何か起きた時に一階ならすぐに対処が可能。一階の休憩所には長テーブルが三つほど並び、移動式の椅子がそれぞれに2～3脚ほど置かれていた。湯浅生コンのミキサー車を運転する従業員らが休憩のほか、食事などに使用する共有スペース。普段は従業員らの会議にも使われているのだろう。

フローリングの床だが、奥には4～5畳ほどの畳が敷かれていて流し台があるほか、テレビと冷蔵庫も置かれていた。この休憩所の座敷に背もたれ付きの座椅子を置いて陣取っている

「主」が湯浅生コンの古参従業員・津崎氏（仮名）だった。

津崎氏も元は連帯ユニオン関生支部の労組員であり、かつては川口（大阪府大阪市西区川口）の連帯本部（ユニオン会館）にて部屋住みだったという。暴力団に例えれば絶えず本部事務所に寝泊りして常駐している構成員だ。社長である柳瀬氏がユニオン時代の津崎氏の話を持ち出すと、津崎氏はバツが悪そうに苦笑いしながらも「社長！　もうその話はせんでも（しなくても）よろしいがな（苦笑）！　社長！　何でもベラベラしゃべっとったらあきまへんで（笑）！」と柳瀬氏が笑い話に花を咲かせている。これが柳瀬氏がモットーとするアットホームな雰囲気の一環なのだろう。

ただし、休憩所の座敷には冷蔵庫や流し台に用事がない限りは津崎氏以外、他の従業員は立ち入らない。やはり、そこは津崎氏の定位置であり、「縄張り」なのだろう。

古参従業員として長らく生コン業界の現場を知り尽くしたベテランの風格のほか、津崎氏は右翼や左翼といった政治ネタと社会の動向に強い関心を持っているようだった。普段は無口で一切無駄口を叩かないが、会話の端々で右派系市民団体の名称や「セキホウタイ（赤報隊）」といった単語が唐突に出てくる辺り、やはり連帯ユニオンで曲がりなりにも政治思想に携わった経験からのものだろう。（赤報隊とは、昭和時代に朝日新聞社や外国領事館を標的に銃撃や爆発物の設置など、数々の右翼テロを引き起こした謎の集団）

湯浅生コンにはもう一人、連帯の元労組員で、しかも連帯の和歌山地方の責任者であった社員・橋口氏（仮名）が在籍していたが、こちらは滅多に休憩所に姿を見せることなく、今では黙々とミキサー車の運転に専念していて、かつての連帯労組幹部として横暴を極めていた頃の面影はまったく見られない。

残る一人の従業員、玉田氏が未だ連帯ユニオン関生支部に籍を残しているのみだった。

ある元組合員の決意と勇気！

我々が湯浅生コンに常駐することとなった前後より、玉田氏の気持ちは既に連帯ユニオンから離れ、概ね脱退の方向へと傾いていたのだと思われる。後は何をきっかけとするか、の問題だけだった。それゆえ、連帯ユニオンの側も連日、湯浅工場からは50メートルくらい離れたところとはいえ、街宣車を停車させては無言の圧力をかけていたのだと思われる。連帯ユニオンは連日、2～3人が同乗して嫌がらせの停車を続けていた。

社内（工場敷地内）にて玉田氏と接触するのに、そう時間はかからなかった。

常駐を始めて翌日には早くも接触する機会があった。件の従業員共用の休憩所スペースにて、当の玉田氏のほうから自ら語り出したのである。

こういう時に、こちら側からアレコレ聞き出そうと畳み掛けるように話しかけても、相手は余計に話したがらなくなる。飽くまでも待つしかない。待ったほうが良いと判断した。

事実、それが見事に的中した。当のT氏のほうから連帯批判を口にし始めた。元々きちんと自分の考えを持ち、善悪を見分ける判断力には優れていたのだろう。それが一時の迷いで連帯ユニオンに関わってしまい、なまじ生真面目で人が良いだけに騙されて連帯ユニオンの片棒を担がされるに至ったのだ。これはカルト宗教などにも共通する傾向である。

玉田氏は感情を誰かにぶつけるのではなく、飽くまでも淡々とポツリポツリと振り返るように語り始めた。

「連帯ユニオンの奴らが言ってること、やってることなんて全部ウソですわ。社会主義の講座とか色んな講座やったりしてますけど、そんなイデオロギーとか信じてる人なんていません」

連帯ユニオン幹部の中には「俺はイデオロギー（で連帯に付いてるわけ）じゃない」と言う者もいる。玉田氏の言葉はそれを裏付けていると言えるだろう。単に利益になるからとか、職業的に携わっている者が大部分だと思われる。

「自分も柔道とか空手とか武道の心得はありますけどね。連帯がやってるんはストライキとか団交（団体交渉）とか実力行使とちゃいますよ（違いますよ）。ただの暴力ですわ。僕は暴力とか嫌いなんで」（玉田氏）

沖縄県・辺野古（名護市）での米軍基地建設への妨害で、連帯ユニオン関生も相当な資金と人員を供給していることで知られるが、そこにはイデオロギーも何も関係ない。ただ、日米同盟に亀裂を生じさせ、日本の安全保障を揺るがし、国や社会を混乱させる破壊工作こそが連帯ユニオンほか反基地勢力の目論見である。まさしく、その発想は極左過激派の破壊願望そのものだ。

その連帯ユニオンが和歌山県内の生コン業界でも横暴を極め、そのため温厚な玉田氏がブチギレして連帯内で実力行使に及んでしまったことがある。

「ある時、和歌山の（連帯の）責任者をとっ捕まえて、『ええ加減にしとけよ！』って締め上げてギュッと言わせたことがあるんですわ。そん時でも連帯の他の連中は逃げてましたからね。僕は武道の心得もあるんで、そんな無茶はしませんでしたけど、結局、自分らより強い相手にはよう向かって来れんのですわ」

玉田氏は武勇伝として誇らしく語っているのではなく、横暴を極める連帯ユニオンの在り様に対し、仕方なしに実力行為に及んでしまったことを淡々と述べてくれた。

「あいつら（連帯ユニオン）が何か仕掛けて来たら僕は刺し違える覚悟でやりますよ。一人では何もでけへん（出来ない）連中ですわ。そんなに一人ひとりが強い連中とちゃいますわ（違いますわ）。束にならんとよう向かって来れんような連中です。そうやって弱い人ばっかり狙って虐めてるんですよ」

玉田氏の決意はこの時に固まっていたものと思われる。我々が湯浅生コンに常駐して一週間を要さずに玉田氏は連帯への脱退届を郵送にて提出したようだ。

実はこの間、玉田氏を連帯から抜けさせるためのカラクリなど何一つ存在しない。強いて言うならば、湯浅生コンに常駐した我々の存在自体が玉田氏の背中を後押ししたと言えよう。全ては玉田氏本人の決断であり、当人の実行なくして連帯ユニオンからの脱退もなかったのである。

大阪にて大阪広域生コンクリート協同組合が連帯ユニオン関生との関係を断ち切ったのも同様。我々が平成30年1月に大阪入りして連帯ユニオンを糾弾する有志一同として行動を開始する前年より、既に近畿一帯の生コン業者・組合は連帯との関係を解消して完全決別・対決する方向にあった。

この時点で雌雄は決していたと言えるし、我々は飽くまでもそのサポートとお手伝いをさせて頂いたものに過ぎない。連帯関生との決別も、連帯関生からの組合員の脱退も、全ては当事者らの決断と勇気によるものに他ならない。

このレポートはこれで終わりだが、生コン会社で働く労働者と連帯の関係などで、一緒に働いた経験がなければ絶対に書くことのできない貴重なレポートだ。

（3）和歌山から追い出された連帯ユニオン関生支部

次に紹介する文章も私たち討伐隊に3日間同行した東京のジャーナリストが書いたものだ。フリージャーナリスト・松木義和氏（仮名）は私の古くからの友人で、週刊誌の業界などにも顔が利く。よってこの討伐隊に同行取材を私がお願いしたものだ。彼の同行取材の最後が、私たちが川口会館を襲撃したなどと関生支部から告訴された事件の日だった。そのことは第六章で詳しく説明する。

タブーだった「巨悪」との戦い……松木義和

連帯ユニオンとの闘いの火蓋が切られる！

さて、積もり積もった怒りについに火がつき、いよいよ武建一執行委員長・連帯ユニオン関生支部との戦いの火蓋が切られた。武建一討伐隊と連携する為に和歌山県内の労働者などが結成した「街頭遊説隊」も結成され、これまで関西地方ではタブーとされてきた〈巨悪〉への挑戦が開始されたのである。

その一環として討伐隊と遊説隊は平成30（2018）年2月18日と19日に渡って和歌山で活動を開始した。そのハイライトが『湯浅生コン㈱』での街宣だった。同社には一昨年（平成29年）、大勢の連帯ユニオン関生支部の組合員が押しかけて傍若無人の振る舞いをし、あまつさえ同社の社長を取り囲み暴行を働いたという〈いわくつきの現場〉なのである。筆者は遊説隊の街宣車に乗り込んで取材を試みた。

連帯労組の監視車に遊説隊が猛抗議

関東から乗り込んだせと弘幸氏率いる武建一討伐隊に地元の応援部隊が参画している。タブーへの挑戦、これは画期的なことだ。武建一執行委員長の主導で作られた和歌山県生コン協同組合連合会の会社や各地の組合への街宣だ。同連合会は武の資金源とも言うべき存在である。と言うのも、同連合会に加盟している協同組合は連合会に1立米当り170円を上納している。月に90万立米も出荷しているというのだから、計算するとその金額は莫大だ。

1月18日、これらの組合が立地する田園風景の中、あるいはみかん畑を横目に「1立米170円もの資金が武建一なる男に上納されています。その金が北朝鮮や反日政治家の資金として流れている。本来は労働者に還元されるべきお金がそのような使われ方をして良いのでしょうか？」との声が街宣カーから流れ周辺に響き渡る。

翌19日は討伐隊や遊説隊の抗議行動は沸点に達した。それは湯浅生コン㈱前だったからだ。連帯が大挙して押しかけ乱暴狼藉《ろうぜき》を働いた現場である。ここで繰り広げられたのは明らかな暴力事件。しかし、社員の通報でやってきた県警は連帯労組の幹部らしき人間に「労働争議に介入するのか！」の一言ですごすごと引き上げて行ってしまった。

労働争議とは言いも言ったりで、これは完全な〈労働テロ〉そのもので組織犯罪だ。武建一執行委員長・連帯ユニオン関生支部の二枚看板の「金」と「暴力」。その暴力の実態を如実に物語るものだ。これには社長も怒り心頭で警察に被害届を出した。（注意）この原稿を書いている現時点（平成31年1月5日）においても逮捕もされないで放置されたままだ。

そんないわく付きの現場での抗議行動だ。否応無しに力が入る。しかもそのうえ、会社の入り口には連帯ユニオン関生支部の車が停車していたから余計油に火が着いた。しかし、この日に偶然連帯の人間がいたわけではない。あの事件以来、毎日のように同社の玄関先で監視を続けていたのだ。

すなわち、討伐隊と遊説隊は必然的にこの場所でハチ合わせすることになったと言えよう。連帯労組の毎日の監視態勢にも唖然とするが、問題の車両の前に置いてある幟にはこんな文言が堂々と書かれてあった。

「組合員に対する湯浅生コン柳瀬社長による恫喝や暴力を許さない。監視活動継続中」

暴力を振るい、恫喝を続けているのはどっちだ。まさにブラックユーモア、究極のパラドックスだ。現場に到着するなり討伐隊と遊説隊の人たちがこの連帯の車を取り囲む。照準とすべき「敵」が目の前にいるから、疾風迅雷の勢いだ。連帯ユニオン関生支部の組合員は怖がって車から出てこない。

監視している組合員にウィンドウ越しに抗議の声が矢継ぎ早に飛ぶ。中の隊員は顔を下にして見ようともしない。微かに震えている人間もいる。これまでだったらやりたい放題だったのに誰一人として反論しない。やがて県警のパトカーが駆けつけた。こちら側は１１０番などしていない。車の中の組合員がしたのだろう。

連帯ユニオン関生支部側は幟を撤去して警察の指導で両者が同時に立ち去ることで合意して撤収したが、この連帯ユニオン関生支部の車両は後をつけて行くと、またこの場所に舞い戻って来た。もう埒が明かないので、仕方なく連帯ユニオン関生支部の会館へと次は向かったのだった。

松木氏のレポートはここまで。この後の出来事は第六章で引き続き読んでいただければと思う。

（4）ついに連帯ユニオン関生支部は和歌山で敗退

私たちの活動は日増しに活発化、それに伴いエールを贈る人たちが増加し続け、ついに多くの組合や会社が武建一執行委員長と決別して和歌山の連帯ユニオン関生支部の支配は終わりを告げた。

平成30年2月14日に紀北生コンクリート協同組合で、この武建一執行委員長が作った和歌山県生コンクリート協同組合連合会の理事が集まり、粗暴極まる連帯ユニオン関西生コン支部と決別する決議がなされ、連合会は解散した。

当然、この動きは水面下で進められてきたが、この解散決議を妨害しようとして、連帯ユニオンは毎日のように和歌山に入って、各理事を恫喝する街宣を行なっていた。対して、これまで散々嫌がらせを受けてきた地元の有志が立ち上がり、この連帯の街宣車を迎え撃った。

しかし、2月14日に武建一執行委員長の連合会は解散し、武支配は崩壊しその拠点を失った。2月19日にナンバー3の地位にある武谷書記次長が、和歌山県中央生コンクリート協同組合の理事長である枡田耕一氏（株式会社大東陽代表取締役社長）に面会を求めて訪れた。

武谷書記次長は警察官に取り囲まれて中に入れない。紀北側は武谷書記次長との面会を断り、

110番通報した。警察官は「会いたくないと言うから入ったらあかんやろ」と説得しているが、これなど面会強要で現行犯逮捕してしまえば良かった。この時の様子が映像として紹介されている。警察官への悪態は暴力労組連帯の活動家が散々やって来たことで、まるで暴力団そのものだ。しかし、この時の態度の悪さは暴力団以上であった。

ここから下の記事は、同じく武建一討伐隊メンバーの一人である渡邊昇氏のブログからの転載である。

平成29年8月21日より関ナマが和歌山県内各地（和歌山市、海南市、有田市、有田川町、由良町、御坊市）において、あらゆる手法で嫌がらせ活動が始まった。

この原因というのは和歌山県内の生コン業界において、県内全域の生コンの法人会社の協同組合で構成される和歌山県生コンクリート協同組合連合会（理事長　中西正人　岩出市）から、関ナマに対し業務委託料名目で1㎥当たり170円が上納されているが、新しく設立された、和歌山県広域生コンクリート協同組合は、この連合会に加盟しておらず、関ナマに対する上納金が支払われていない事に対する嫌がらせ活動から始まったというものだ。

参考資料として、和歌山県内の生コンクリートの年間出荷量は約70万㎥で、170円×70万

㎥＝約1億1千900万円と、和歌山市内を中心とした和歌山県中央生コンクリート協同組合は別会計であり、業務委託料として約400円を割り当てられており、和歌山県中央生コンクリート協同組合の年間出荷量約20万㎥を掛けると、400円×20㎥＝8千万円も年間の基本給のように関西生コン支部に上納しているということになる。

70円×70万㎥＝約1億1千900万円
400円×20㎥＝8千万円
合計　約2億7千万円

このほかに、タカラ運輸という関ナマの企業舎弟と言ってもいいミキサー車を所有している運送会社が、仕事のミキサー車の依頼受注がなくとも最低保証とされ、1日当たり3～6台と請求されている。

また、生コン会社が防犯上のために自社建築物に取り付けた防犯カメラに関ナマは暴力団紛いの因縁をつけて、解決金として5千万円も恐喝されている。

上記のような企業恐喝の一環として、平成29年8月21日に和歌山県広域生コンクリート協同組合の会員である湯浅生コン株式会社に対し暴行事件が発生した。（湯浅警察署にて捜査中）

また、同年8月22日、和歌山県広域協同組合（海南市）に関ナマの組合員約60名が押しかけ

4時間半に及ぶ恫喝行為・威力業務妨害により事務員がストレス障害と診断されている被害も受けている（海南警察署にて捜査中）。

その後も現在に至るまで「当たり屋」「集団ストーカー行為」「名誉棄損街宣」等々あらゆる嫌がらせ活動を展開している。

この間、関ナマにターゲットにされた和歌山県内の生コン業者は、嫌がらせ活動を止めるために数億円にもなる解決金が連帯ユニオン関生支部から要求されていた。

牢人新聞社の渡邊昇代表の和歌山での身体を張っての行動が実を結んだ。地元有志の協力を得て、武建一執行委員長の影響力を排除できた。

武建一執行委員長は和歌山県では敗れた、その報復に何をするか分からない。巨額の上納金を阻止されたのである。我々も警戒レベルを④まで上げた。

①ボディーガード（警護）をつける
②夜の外出はなるべく控える
③昼の外出も一人でしない
④夜の外出は一人ではしない

⑤通常レベル

今後の状況次第では更に上げていくつもりである……とこの時ブログに記した。

第四章

ついに連帯労組・関生支部に強制捜査

（1）３月には東京で討伐報告会開催

２月は和歌山、奈良などで連帯労組・関生支部と激しい戦いを繰り広げた結果、和歌山から関生支部は敗退して事実上の撤退を余儀なくされていた。ただ、同時に奈良におけるエム・ケイ運輸においても戦いは起きていた。そのことについては第六章でまとめて書いたので、そちらをご覧頂きたい。この章はあくまでも関生支部関係の話題を続ける。

個人的なことだが、３月３日は私の誕生日であり、例年誕生日会を催し仲間が祝ってくれている。そこで昨年（平成三十年）も東京において「連帯ユニオン関西生コン支部を語る」という題で講演会を開催することにした。それがこの告知文だ。

今年１月６日に大阪入りして以来、早や２ヵ月が経過した。

その間、大阪・和歌山・奈良・京都・滋賀など、近畿一帯で極左労組『連帯ユニオン』を一貫して追及し、糾弾する活動を継続してきました。

久しく関東での戦線を離れていますが、今年１月８日の梅田街宣における関東有志のご協力への御礼も兼ねて、都内で「対連帯ユニオン戦線」の報告集会を開催します。

これまでの経過報告と、今後の連帯ユニオン糾弾行動と労働運動の在り方について方針を表明します。

主催『せと弘幸BLOG・日本よ何処へ』

ただ、この講演会ではどうしても触れなければならない問題もあった。それは右翼団体の活動家が、日本における北朝鮮の拠点でもある朝鮮総連に対して、拳銃を発砲した事件だった。この件に関して関西で活動していた討伐隊にとってはまったく関係ないことながら、関生支部はいかにも我々が関係しているようなプロパガンダ戦略に出ていたからだ。

そこで、我々は関係ないという声明を出すことになったので、そのことにも言及しない訳にはいかなかった。

「右翼がテロ事件を起こした時、いつも言われることだが、右翼には発言の機会がない。だからやむなくこのような事件を起こしてしまう。これは一理ある言葉である。しかし、我々は発言の場を今は得ている。我々はネット空間で自由に発言し多くの大衆に話している。

まさにこのインターネット社会こそは我々に与えられた絶好の機会である。画期的なことと言えるだろう。21世紀における思想戦争を戦う橋頭堡を手に入れたのである。私は今再び起つ決意を青年に伝えたい。

かつて我々の先輩は百万の動員より一発の銃声が勝ると言った。しかし、今、私は百万の動員より一台のパソコンが勝ると言いたい」

当日、私は改めて13年前の〈テロ絶縁・非暴力宣言〉の信念は今も変わらないことを述べた。私は平成18年8月15日に起きた加藤紘一元自民党幹事長への、右翼団体に所属する人による実家放火事件の際に、ブログで次のように書き、多くの人から批判された。

我々極右はこれまで歴史的な政治テロ事件を是認してきました。その理由は日本という国家解体を狙う「反日分子」に対しては、合法・非合法を問わず、逆襲する権利を持つという我々の政治信条にあります。

この主張について当時、政治ランキングに登録しているブロガーから手厳しい批判を頂戴した。特に某有名ブロガーの方には「すみませんが、謝罪と訂正を求めます。ご先祖様から受け継いだ『日本人』としての『矜持《きょうじ》』を考えてみて欲しい」と求められた。

私は批判を全面的に受け入れ、「自ら主張してきたテロリズムを是認する考えを改めたいと思います。また、今後はそのような考えを放棄することにしました……」と13年前のことに触れ、最後に次のような言葉で関東での朝鮮総連への発砲事件に対する見解を締めくくった。

　この頃の私のブログ名は『極右評論』でした。2005年6月に初めてブログを書き、それから1年近く経っていました。ランキングは2位でしたが、中々トップには立てず3位に落ちたりもしていた。

　この頃、私は政治的暴力を是認する考えを持っていた。しかし、この日を機会にその考えを改める宣言を行ない、それ以降はいかなる政治的なテロ行為に対しても、それを支持したり、擁護することはして来なかった。

　その後も「行動する保守運動」に参加してきたが、この暴力を否定する考えに変わりはない。もし、私が政治的テロリズムを容認する立場なら、選挙で訴えるなどはあり得なかった。ブログでの非暴力宣言は、今でも間違いはなかったものと思っています。

　選挙でなくとも一般大衆の支持を受けながら大きな国民運動体を目指す場合においても、明確に暴力主義とは決別すべきである。それを参加者に訴えた。私は今、関西の地で左翼暴力集団と戦っています。全国の皆様にカンパも要請している立場です。だからこそ、テロを容認するような言動はしてはならない。そのような考えとは一線を画していかねばならないと、肝に銘じております。

この講演会は関西生コン問題を話す機会ではあったが、どうも横道に逸れてしまった。しかし、映像が流れるや私の意見を支持する人が圧倒的に多く、一時は行動する保守運動でもテロを容認する発言があったが終息し、いかに相手が朝鮮総連であっても非常時でもないのに、拳銃をぶっ放すことにおいてはヤリ過ぎとの声が高まり安堵した。

私はこの関西生コンの武建一討伐運動の中で、彼らは労働組合を名乗っているが、本当に労働組合は労働者の仲間なのか？　という素朴な疑問をいだき始めていた。そこで労働組合のことを少しでも学ぼうとしていた。

日本国憲法　第二十八条

勤労者の団結する権利及び団体交渉その他の団体行動をする権利は、これを保障する。

解説

大日本帝国憲法にはなかった規定である（そもそも制定当時、工業労働者の労働運動自体がほとんど存在しなかった）。第二次世界大戦後の経済民主化政策の一環として労働組合の育成という要請がなされ、それを受けて憲法に明文化された。当権利・人権の性格上、私人間にも適用されるとされる。

・団結権

労働組合を結成する権利。労使関係において立場の弱い労働者が、団結することで自分たちに有利な労働条件を確保することを目指す。

・団体交渉権

労働者が団結して使用者と交渉し、労働協約を締結できるようにする。

・団体行動権

ストライキなどの争議行為をすること。この団体行動権は団体交渉権の裏付けにもなるものである。

（『ウィキペディア』より）

連帯ユニオン関西生コンの関係者は口を開けば我々は憲法二十八条で守られていると言う。我々はこれを行使しているに過ぎないというわけだ。彼らに言わせれば次の行為も団体行動の権利行使となるようだ。しかし、これまでの企業経営者に対する攻撃は常識の範囲を超えており、少なくとも犯罪行為と紙一重どころか、完全に犯罪行為として警察は取り調べを行なうべき段階に来ていると考えていた。

3月8日、私が大阪に乗り込み、梅田で第一声を放ってから、早いもので丸2ヵ月が経過した。連帯ユニオン関西生コン支部のセメント業界に対する恐怖の支配を知ったのは一昨年の12月だった。連帯ユニオン関西生コン支部（武建一執行委員長）の存在を知ったのは、この組合員がゼネストと称する映像を見てからだ。「何とガラの悪い、粗暴な者たちなのだろうか」……それが第一印象だった。

そして武建一執行委員長は、辻元清美議員や福島瑞穂議員などの売国議員のスポンサーであり、関西では我が物顔で大きな力を持つと恐れられていた。

このゼネストが労働運動に名を借りた威力業務妨害であり、絶対に許されないと立ち上がったのが、大阪広域生コンクリート協同組合だった。ここで改めて、木村貴洋理事長の言葉を紹介したい。

皆様、明けましておめでとうございます。

平素は当協同組合の取り組みに対してご協力ご理解いただきありがとうございます。

さて、当協同組合内で威力業務妨害・組織犯罪撲滅対策本部を立ち上げ、早ひと月が経ちました。

生コンクリート製造会社は、この何十年という長い間、連帯関西地区生コン支部　武建一による恐喝や恫喝で泣かされ、解決金という名目で金銭を脅し取られて来ました。

しかも近年では、武建一の関係団体である輸送協、近バラ協、さらには連帯関西地区生コン支部の組合員までもが、彼の私利私欲の為だけに打ち出された政策に巻き込まれ組織運営・人間関係を苦しめられています。


武建一執行委員長が脅し取ったお金が反日左翼の活動資金として、沖縄の反米闘争、福島での反原発、東京国会前での共謀罪反対などに流れていた。左翼を潰すためにはこの資金源を断つしかない。このように考えて福島県を離れ、この大阪の地で左翼撲滅の運動を開始した。資金源を完全に断つのが最終的な目標でもある。

当時、どのような状況だったのか？

まず、大阪では関係者がまとまって武建一執行委員長と手を切ることを宣言したが、連帯ユニオンの暴力的な復讐が考えられた。その嫌がらせや攻撃から協同組合の組合員を守らねばならない。突き崩しの動きを警戒して暴力と戦わなければならない状況にあった。

しかし、それは全て杞憂《きゆう》に終わった。大阪では武建一執行委員長自らが作った組織からの脱退者が相次ぎ、大阪府内において武建一執行委員長に従う組織は殆ど排除された。

一方、和歌山はどうだったのか？　正常化を目指した会社に対する攻撃が激化して、和歌山は一旦武建一執行委員長の支配に戻りかけていた。連帯ユニオン関西生コン支部は街宣車を連ね、一昨年夏から大掛かりな組織的攻撃を続けていた。

地元の建設会社を中心として、この連帯ユニオンと戦わなければならない。そのような使命感に燃える人たちが、有志の会を結成して我々「武建一討伐隊」と合同で迎え撃った。そして、連帯ユニオン関西生コン支部をついに追い出すことに成功しつつあった。

それが、この2ヵ月の戦いであり、そして3月11日には神戸で大阪・兵庫・和歌山の良識ある人たちが連合会を結成した。この戦いからの不退転の意思を確認し、更なる団結のもとで前進する為だ。

連帯ユニオン関生支部（武建一執行委員長）は敗北を認めざるを得なくなるだろう。

（2）ついに連帯労組・関生支部の拠点・川口会館に強制捜査

この時の大阪市西区・川口にある連帯ユニオン関生支部の強制捜査（ガサ入れ）は私たちのスクープとなった。このガサ入れを報道したマスコミ機関はただの一社もなかった。この映像をＹｏｕＴｕｂｅで公開するや大きな反響を巻き起こした。

まるで暴力団の事務所のガサ入れか⁉　と見間違うほどの現場の状況だったが、それが何のためになわれたのか？　そのことに関してはまったく分からなかった。

連帯ユニオン関西生コン支部に対しては、各県警に被害届が出され、受理されていた。今回大阪府警と奈良県警の警察官の姿を目にしたので、奈良県警に何らかの動きが出ているのかも知れない。奈良県と言えば大和郡山市におけるエム・ケイ運輸と連帯ユニオン近畿トラック支部の長い間の労働争議だ。

☆連帯側が氏名不詳の人間を暴力事件として告訴。会社側の関与を強く示唆しているが、警察の捜査は暗礁に乗り上げている。

☆会社側がエム・ケイ運輸に勤務していた2人の人間を、会社側の事務員に暴行したとして告訴。

この2つの事件があった。会社側の事務員は脅迫されて、精神がおかしくなって入院したが、警察の事情聴取を終えて、次は実況見分（一般的には現場検証）がいつ頃行なわれるかだった。

ガサ入れに対して連帯ユニオンの活動家が熱《いき》り立っていたが、必ずしもこちら側に有利とは言えない。映像でも見えるが、会社側から告訴されていた人物が、警察が帰った後ににこやかに出てくる姿が映っていた。

いつもはエム・ケイ運輸の会社や社長自宅の周辺にいる社員が、今日は連帯の事務所にいた。警察から事前に呼び出しがあり、連帯の事務所でなら聴取に応じるとして設定されていた可能性も出てきたのである。

いずれにしても、まだよく分からない。もう少し時間をかけて見守るしかない。和歌山の暴力事件にしても、ガサ入れが昨年9月に行なわれているのに、未だに逮捕者は出ていない。

連帯は4月からの戦いを〈反転攻勢〉などと言って、組合員の士気を上げるのに必死のようだが、今回のガサ入れはその出鼻をくじかれたも同然だろう。最初から私はまずは4月が序盤戦の大きな山場と見ていた。彼らが今後どのような暴力的手段に訴えてくるのか？　その動きを更に注視していきたい。

このように我々の側も警戒を強めなければならない状況に変わりはなかった。しかし、この映像は予想した以上の反響を巻き起こした。

速報として上げたこの3月13日のガサ入れ情報は現在（今年1月7日時点）に見ると何とその再生回数は226万を記録している。関生関連の映像では和歌山県の「当たり屋動画」に次ぐヒット数になっている。

この映像が驚異的な伸びを見せたのは、5ちゃんねるのニュース速報板に紹介されたからだ。さすが、一日5万人以上の人が見ていると言われているだけに、そのスレッドの数も、当日の4時台に最初に上げたものが翌朝には21にまで伸びた。詳しい人なら分かるだろうがこのスピードでの伸び率は本当に凄いの一言だった。

この時のブログでは次のように書いた。


ツイッターのリツイートの数、イイネの数も半端ではない。4千、5千と超えていくでしょう。このガサ入れ情報は大阪府警が大手マスコミが入る記者クラブに伝えたものですが、取材にはどこの社も行く気がなかったようだ。

森友問題における文書の書き換え事件などで、安倍総理や麻生大臣に対する批判がネットでも出始めていた。マスメディアはもうそれ一色に染まっている。

保守派や愛国者のいらだちは最高潮に達していたと思います。そこに辻元清美や福島瑞穂などの国会議員の黒幕と見られる、連帯ユニオン関西生コン支部への家宅捜索が行なわれた。やくざ者と見間違う労組員が仲間に食ってかかる。

この写真や映像を見たネットでは、現在の政治状況の鬱憤を払いのける清涼剤となった。砂漠で水を得たと同じだ。多くの人がこの情報に飛びついた。

これはほんの始まりに過ぎない。逮捕者が出た時、そして最大の大物・武建一まで逮捕が及んだ時、国会で武建一と辻元清美・福島瑞穂両議員との関係が論議される時。

映像の再生回数は公開してから17時間しか過ぎていないのに、15万9千回を超えた。もし逮捕とでもなれば1日30万、50万という数字になるのではないか?

多くの愛国者がこの我々の戦いを応援してくださることに心より感謝申し上げたい。


この時、予想したように226万回を超えている。我々が一歩勝利に向かって前進し、それを確信したのもこの頃だった。

そして、それから5日後、追い打ちをかけるように再び強制捜査が行なわれた。もう、これで流れはハッキリしてきた。その時の様子を再現する。


この日の朝の出来事だった。私は右派政治団体『日本第一党』の結党1周年記念パーティーで講演するために、朝早く支度して出ようとした。運転する仲間が駐車場で二人の男に声をかけられ、相手は警察バッジを示した。その警察が後ろについてきていますと教えてくれた。

何だろう? とまず思った。これまで警察が私の後をついて来ることはなかった。そのままついてきて新大阪の駅近くで追尾を止めて去って行った。何かあるに違いない。頭をよぎったのは連帯ユニオン関生支部のことだった。川口の連帯会館は私の宿泊所と目と鼻の先にある。

しかし、ガサ入れはしたばかりであり、また直ぐにやるとは思いもよらない。

しかし、万が一のことを考えて残っている仲間に電話で伝え、運転した人にも直ぐに戻って他の仲間と合流するように伝えた。新幹線に乗り込み座席にかけると、ほどなく連絡が入り、関西生コン支部へのガサ入れが始まっていることを知った。私の所在を確認したのは、私が確実に東京に向かうことを報告するためだったと考えられた。

前回のガサ入れが予想以上の反響を呼んだことで、大阪府警が警戒したとしか考えられなかった。この時はこのように報告している。

前回と違い、大阪府警の単独の捜査だった。他府県の警察官も混じっていた可能性はあるが、それは後で書く。日曜日の朝の「ガサ入れ」だが、朝早くから幹部の顔が見える。おそらく、事前に連帯側に伝えられていた可能性もあるだろう。

激しい警察官への抵抗もなかった。むしろ整然と行なわれ、連帯側も協力しているような感じを受けた。最初から逮捕するような緊張感はなく、書類程度の押収物はあるのではないか。

そのような報告を受けた。

この映像で今確認した。マスメディアも数社取材に来ていた。これらマスコミは早くから情報を得ていたのだろう。我々が行くよりも先にこの場所にいた。しかし、このマスコミの動きを見る限り、報道はしないが、とりあえず「今日の現場を押さえておこう」程度にしか思えなかった。

事実、このガサ入れはどのマスコミも報じていない。しかし、昨日のこのガサ入れにマスコミが来ていたことは非常に重要なことを示唆している。因みに今回のガサ入れは、連帯が昨年12月に行なったゼネストが威力業務妨害の疑いがあるという容疑だ。

この一連の事件での捜査が進んでいるのだろう。この事件では何人かの逮捕者は出ると思うが、本命はこちらではない。前々から申し上げているように、トップの武建一を狙った頂上作戦が静かに潜行している。関西生コンのトップ、そして幹部を根こそぎ逮捕して解体に追い込む。それをようやくマスコミも知ったようだ。

トップには懲役5年以上の刑を打てる事件でなければ意味がない。当時75歳の武建一執行委員長にしてみればもう再起の芽が絶たれる。他の年老いた幹部も同じだ。

だから、早く若返りを図らねば崩壊すると忠告申し上げてきたのだ。

本番はこれからだ。4月に入れば動き出すと前々からブログで書いている。二府四県の組対が連携を取り始めた。組対とは組織犯罪対策本部のことで、主に暴力団などの犯罪を取り締まる部署である。

この頃から既に武建一執行委員長を逮捕する頂上作戦が始まっていることを知っていたが、それを明らかにすることはできなかった。4月なのか？　あるいは5月、6月なのか？　この間は長かった。しかし、絶対に武建一執行委員長が逮捕されるということだけは確信していた。

翌日は次のような記事をブログに掲載した。

前回の「ガサ入れ」は5ちゃんのニュー速板では結局☆56スレッドまで伸びましたが、今回はそれほど伸びません。残念ですが勢いがないので仕方ありません。前回の流れはマスコミが現場でカメラを回しているのに、それをまったく報道しなかったことに対する批判となっています。

しかし、これまでは報道がなければ、国民は知ることが出来なかった。しかし、今では報道がなくても多くの国民が知ることが可能だ。それがネットの力なのだ。

それでも、こう立て続けに家宅捜索が行なわれている以上、このまま沈黙している訳にはいかないだろう。連帯ブログの更新も止まったままだ。抗議の声明も出されていない。

一体、あれほど勇ましかった、そして戦う労働組合と常々言ってきた反権力の姿勢はどうなってしまったのだろうか。幹部はもう戦意喪失か？　さらなる捜査の手が一段と増すことに怯え始めているのか？

早く抗議声明を出してほしい。ブログで反撃してほしい。心待ちにしている。

このような記事を書いて挑発したためか、翌日にはようやくこの2回の強制捜査に対する連帯ユニオン関生支部の正式な抗議声明が出された。

この3月に立て続けに起きた連帯ユニオン関生支部へのガサ入れによって、事態は急速に関生側に不利に働いていることは明らかだった。後は滋賀県警などの強制捜査がいつ始まるのか？　それを期待して見守ることだった。

（3）4月反転攻勢を掲げた連帯ユニオン関生支部

大阪では次々にこれまで武建一執行委員長と関係のあった会社などが離れて行き、和歌山県では連合会も解散し、次第に追い詰められていった連帯労組だが、彼らは4月反転攻勢を掲げ、逆に私たち討伐隊を孤立化させる作戦に出てきた。これは私たちを差別排外主義者とすることで大阪広域生コンクリート協同組合と離反させる作戦にも思えた。

大阪府の生コン業者は、完全に武建一執行委員長と決別した。武建一執行委員長が作った組織からも今や相手にされていない。和歌山県では追い出されて、今たまに和歌山県に来て嫌がらせ街宣をしているが、もう勝負はあった。しかし、武建一執行委員長が言うように未だに完全には諦めてはいないようなので、今後も油断はできない。

だが大勢は既に決まっており、今更連帯ユニオン関西生コンの支配下に戻る会社などない。

少しばかりの付き合いを残す会社はまだあるが、そこも表向きは静かなもので、様子見している。それだけ、関西生コンがやって来たことは酷すぎて、地元から総スカンを食らってしまったということなのだ。今もニュース記事では和歌山のことではデタラメばかり書いている。

「奈良・京都・滋賀の経営者は差別・排外主義集団に対して微動だにしていない」

この言葉だ。差別排外主義者とは我々を指す言葉だが、ネット右翼だと呼ばれている私に、極左を討伐しに来たと言われているのに、なぜか〝左右の対決〟を避け続けてきた。武建一執行委員長は常々、「右翼やヤクザは俺には手を出せない」などと豪語してきたのに、そのネット右翼の代表を名乗る私に「討伐するために大阪に乗り込んできた」などと言われるのが、一番困るのだろう。

もっとも今の私は行動右翼ではなく、ネット右翼（愛国市民）と思っているので、どのようにレッテル貼りされても構いはしないが、嘘だけは困るので法的手段を取りたいと思っている。

本当に「京都・奈良は微動だにしていない」と断言できるのか？　もう、こちら側には「とても武さんにはついていけない」という嘆きが聞こえていた。その声はやがて悲鳴となる。

それは、暫し待っていれば分かる。そうなった時に京都の生コン業界には激震が走り、「武支配もこれまでか……」といった声が聞こえるはずなのだ。

京都一帯で武執行委員長が頼りとしている業界に対する周知街宣をこの頃は盛んに行なった。

・京都生コンクリート協同組合
・京都中央生コンクリート協同組合
・京都南生コンクリート協同組合
・洛南コンクリート協同組合
・洛北レミコン　宝が池建材生コン工場　京都福田　京都工場
・丸神商事株式会社　新京都生コン株式会社　株式会社トーカイコンクリート
・京都神商株式会社

これらの協同組合と会社から連帯ユニオン関生支部（武建一執行委員長）に多額の資金が吸い上げられている。宣伝カーの「せと大和魂」号は京都・奈良県内を街宣して毎日のように回っていた。

京都・奈良県内では連帯の宣伝カーと激しくやり合うようなこともなかった。京都・奈良が荒らされるのが本当に嫌だったのだろう。

連帯労組・関生支部と武建一執行委員長は3月中旬から4月にかけて、大阪広域生コンクリート協同組合に対して、〝反転攻勢〟を仕掛けると宣言していた。

どのような手段に打って出てくるのか、こちら側としては注目してきたが、大阪府内においては協同組合に参加している生コンプラント会社の周りを、街宣車でくるくる回る程度でしかない。

和歌山県内にも関西生コン支部の街宣車は時折姿を見せているものの、もはや形勢を逆転するに至らず、関西生コン支部の影響は薄れるばかりだ。

攻勢をかけるどころか、京都、奈良、滋賀などの権益を守るのに必死の状態にしか見えない。こちらは今のところ静かに見守っているところだ。連帯ユニオン関生支部の街宣車は確かに目障りな存在ではあるが、それを付け回して撃退したところで、業界関係者には歓迎されるかも知れないものの、一般の人の目には「何をしているのか？」くらいにしか映らない。

それよりも、流し街宣に徹して情宣活動を周知徹底したほうが良いと考えて来た。ネット上における戦いは完全にこちら側の勝利であり、数百万の人が我々の流す映像を見ている。

連帯ユニオン関生支部に対しては府警の組織犯罪対策本部が２度のガサ入れ（家宅捜索）を行なった。今週からは幹部に対しての事情聴取も開始されると聞いていた。反転攻勢どころか、追い詰められているのは彼らのほうだった。

さて、大阪広域生コンクリート協同組合の威力業務対策本部の４月度における「対策本部長のご挨拶」が掲載されていた。

４月度　対策本部長のご挨拶

初めに先日、和歌山県広域生コンクリート協同組合の丸山理事長のもとで働いておられた方が連帯関西地区生コン支部の常軌を逸した、街宣行為・恫喝行為・嫌がらせ行為を受けたことを苦に自らの命を絶たれました。我々は2度とこのような犠牲者を出さないよう全力で戦うと共にご冥福をお祈り致します。

さて、連日、連帯関西地区生コン支部が『連帯ブログ』をネット上で公開、一方的に大阪広域並びに執行部に対し誹謗中傷を続けております。「全ての始まりは1月8日のヨドバシカメラ前」と書いてありますが、事の始まりは、過去より慣例的に行なわれてきた、嫌がらせ行為の数々です。そして昨年12月12日に行なわれたゼネストと称した威力業務妨害事件で連帯関西地区生コン支部との決別の意思を固め、現在に至ります。

また冒頭にお知らせ致しました犠牲者が出たという事実に対し、ブログ上で「丸山克也の下で働いていたという事ですが、何か込み入った事情でもあったのでしょうか。ご冥福をお祈りいたします。」との第三者的な書き込みをされていますが、今一度この事実を真摯に受け止め胸に手を当てて、加害者としての自覚をもった発言と今後の対応を検討戴きたいと思います。

大阪広域は連帯関西地区生コン支部とは今後一切関わり合うことはありません。

威力業務妨害事件も、司法の手によって必ず裁かれると信じております。

5月に入ったが、殆ど動きはなく、6月になっても、連帯ユニオン関生支部からの反撃らしいものはなくダラダラと膠着《こうちゃく》状態が続いた。私のブログには連帯労組・関生関連の記事が載ることも少なくなった。たまに出る程度であった。その紹介だけしておく。

昨年末に大阪の地を踏み、正月明けの1月8日には大阪の一番の繁華街で演説をさせていただいた。あれから早くも5ヵ月が過ぎ、6ヵ月目に入った。この時に私は次のように演説した。

ようやく、大阪での戦いの一歩を記すことが出来ました。長い戦いの日々がこれから続きます。一瞬の油断もなりません。彼らは暴力性をむき出しに今後いつ襲いかかるか分からない。警戒しなければなりませんが、暴力には暴力で対抗するのではなく、我々はあくまでも非暴力で立ち向かいます。

何度も言ってきましたが、警察、税務署、行政が彼らを甘やかし、このような暴徒を野放しにしてきたのです。

明日から本格的な戦いが始まります。街宣車は12日には完成します。それから二府四県をくまなく街宣して回ります。

この5ヵ月間の戦いで何がどのように変わったのか？　それを検証してみたい。

連帯ユニオン関生支部のサイトや機関紙を見ると次の文言が多く登場する。それは明らかに私がこの大阪の地を踏んでからだ。その文言とはズバリ「反撃」という文言でそれまでは余り見かけなかった。

例えば次のように使われている。

「一丸となって本格的な反撃を　武建一」

「全力で総反撃を」

連帯ユニオン関生支部の反権力闘争の歴史の中で、街宣をかけられたくらいで警察権力に泣きを入れるなど、今までなら考えられなかったことだろう。おそらく我々が初めてであり、その映像はまたたく間に流れて関西中に広まった。

これまで言いたくとも何も言えずに、ただ武建一委員長を恐れて沈黙してきた人達が拍手喝采したのだ。この映像を見てメールをくれた人がたくさんいた。今日その人と事務所でお会いした。

まだ20代だった時に入社した会社が連帯の攻撃を受けた。毎日のように会社や社長自宅、そして取引先への街宣が行なわれた。その頃の車はしょぼい物で今ほど立派な車ばかりではなかった。

朝、会社に押しかける連帯のならず者に対して、ビデオカメラを向けて撮影するように上司から言われ、かすかに震える手で彼らを映していた。男性社員が出かけた昼頃になると決まって連帯の街宣車が押しかけた。

会社の社長もついに連帯と直接交渉する以外にはないと、リーガロイヤルホテルに武建一執行委員長と会うために出かけた。会った時、最初に言われた言葉は「一億円持ってきたか？」だったそうだ。それを彼は戻ってきた社長の口から直接聞いた。

自宅のマンションに帰った時に、花束が飾られていたのを目にした。いつも仕事で遅くなり、朝早く会社に行く毎日だったので、余り気にかけなかったが朝近所の人に聞いた。

「あの真新しい花束はなんですか？」

「〇〇は偽装倒産だ、会社側は責任を取れ！　などとマイクで騒いでいた車を見たことあるでしょう？」

咄嗟《とっさ》にわかった。自分の会社もやられたことがあったからだ。

「あの会社の社長がこのマンションの９階から飛び降り自殺したので、マンションの人が花束上げているそうよ」

この会社名、自殺した場所、当時の新聞記事……直接会っての取材、連帯ユニオン関生支部がやってきたこのような経営者を自殺に追い込む執拗な攻撃。これらの取材を進めていた。

武建一執行委員長、必死の反撃

連帯ユニオン関生支部は我々を差別排外主義者として今、必死になって攻撃している。国会で立憲民主党に取り入って院内集会を開き、勉強会を開いて国会で我々を追及しようと企んでいる。この院内集会には有田芳生《ありたよしふ》・長尾《ながお》秀樹・福島瑞穂議員などが参加している。警察庁、国家公安委員会、経済産業省、国土交通省や法務省には我々を批判するチラシなどを持参して我々への批判を強めている。「悪質な組合つぶしを許さない」という立場を取っている。

では、あなたがこれまで大阪でやってきたことはどうなのか？　散々弱い者を虐め自殺にまで追い込む、解決金と称して巨額のお金を脅し取る。そして左翼の反権力の親玉であるかのように振る舞って来た。

それが今では大阪府警に助けを求めるどころか、警察庁や国家公安委員会にまで足を延ばして媚を売り助けを求める様は、余りにも醜悪そのもので滑稽ですらある。

我々は権力を利用したり助けを求めることはしない。しかし、期待はしている。連帯ユニオン関生支部のような悪辣《あくらつ》なる組織を解体するには、どうしても司直の手が必要だからだ。しかし、それだけに頼ってはならないことも知っている。

権力におもねる反撃は一時的に情勢を変えたかのように見せることはできても、これまで連帯ユニオン関生支部がやってきた様々な悪行を今更消すことはできない。

悪の栄えたためしはない。栄華を誇ったものもやがては滅びて行く。それは歴史の鉄則であり、逃れることなどできはしない。

連帯ユニオン関生支部の機関紙『くさり』6月号の一面最初の見出しは、「闘いによって新たな情勢を」と成っている。反撃は果たしてなるのか？　しかし、我々の追撃はこれまで以上に激しいものとなる。関西での戦いはまだ5ヵ月しか経っていない。本格的攻勢はこれから始まる。

そして事態は動き出した。6月24日にまた連帯労組川口会館に強制捜査が入った。暫くぶりのガサ入れだったが、武建一討伐隊はこのガサ入れも見逃さなかった。この日は連帯労組が毎年開いている行事を開催する予定日であり日曜だった。


～連帯ファミリースポーツフェスティバル　中止のお知らせ～

連帯ファミリースポーツフェスティバルを 日時：6月24日（日曜日） 場所：万博公園　上の広場（太陽の塔の右）とお伝えしましたが、諸般の事情により中止となりました。

大変恐縮でございますが何卒ご理解のほどよろしくお願いいたします。

このようなお知らせが連帯のサイトに上がった。

まさか、「午前と午後の両方にわたって大阪府警のガサ入れが行なわれました」とは書けない。今回の家宅捜索は連帯ユニオンにとっては大きなショックだったのではないか？

7月には大阪府警だけではなく、近畿地方の警察本部が動き出す。トップの武建一執行委員長まで届く頂上作戦がついに始まったと考えられる。昨年までは盛大に開催され、組合員が集い、連帯の大きなイベントとなっていた。

それが今年はこの一大イベントを狙い定めたかのように昨日捜査の手が入った。これは何を意味するのか？　昨年9月に和歌山県警、我々が大阪に入ってからは奈良県警、そして大阪府警組織犯罪対策本部によるガサ入れ、さらに昨日のガサ入れとダンボール箱に入れられた押収物。年に4回も本部会館がガサ入れされる連帯ユニオン関西生コン支部とは、もうまともな労働組合とは言えない。

この午後のガサ入れ前の午前中は連帯関西生コン支部の幹部自宅数カ所に、大阪府警のガサ入れが行なわれたとの情報が飛び交っていた。本部会館だけではなく、大幹部や執行委員クラスの自宅にまでガサ入れがあったとすれば、次は身柄拘束つまり逮捕が考えられた。

しかし、ここ数日その動きは見られないので、今回の大規模な捜索は逮捕を前提としたものではなく、証拠固めをするためのものであったと考えられる。その意味では捜査はかなり進んでいるものの、多くの人が望んできた連帯ユニオン関生支部への本格捜査は7月にずれ込むと見られる。

この捜査は大阪府警によるものだが、発端は関西生コン支部が平成29（2017）年12月12日早朝に行なった、大手セメント会社のサービスステーションに対する威力業務妨害事件だった。彼らはこれをゼネストと呼び労働者の権利などと称しているが、単なる妨害行為に過ぎない。

大手セメント会社が連帯ユニオン関生支部を相手取り「威力業務妨害事件」として告訴しており、それを受理して動き出しているものだ。今回は2回目のガサ入れとなった。

私の予測ではトップまで行かず、実際に大手セメントメーカーのSSに対して押しかけた実行部隊（近酸運輸）とそれを指揮した執行委員止まりと思っていたが、今回幹部宅にも捜査の手が伸びていることで、この事件で多くの関係者が逮捕される可能性も見えてきた。

生コン業界の大ボスこと連帯ユニオン関生支部の武建一執行委員長にまでは到達しないと読んでいたが、どうも嬉しい誤算となるかも知れない。

被害届を受理して捜査しているのは大阪地検だけではない。他の近畿3県でも捜査が進んでおり、どこが次に手を付けるのか？　非常に興味がある。いずれにしても連帯ユニオン関生支部は大きなショック状態にあることは間違いない。

しかし、昨日も川口の会館からは嫌がらせ街宣部隊が3台ほど出動している。動揺している姿を見せたくないのだろう。流石は50年の歴史を感じさせる。しかし、これまでの彼らの長い歴史の中でも最大の危機を迎えることになるはずだ。

これまでであれば、マスコミは黙ったままだった。何とかその間に政治工作で切り抜けてこられた。しかし、今はマスメディアが取り上げなくても我々が映像を届けることができる。彼らに引導を渡す時が近づいて来ていることだけは間違いない。

では、昨日のガサ入れと押収は何を目的としたものだったのか？　私のブログのコメント欄にこのような投稿があったので答えておいた。

きんさ◯運◯

Posted by あ at 2018年06月25日 07：56

貴重な情報ありがとう御座います。

連帯本部前に止まった車両、乗って来た人物が特定されたので、今回のガサ入れの状況を解明、既に把握済みです。

いよいよ、連帯も追い詰められました。

Posted by せと弘幸 at ２０１８年06月25日 10：33

この「きんさ◯運◯」とは株式会社近酸運輸という会社で連帯近畿地方本部の裏の学童会館と呼ばれる所にある。ここから大量のダンボール箱を捜査員が運び出した。おそらくこれは近酸運輸に仕舞われていた書類を運び出したと考えられた。

現場に現れた黒塗りの高級車の所有者を我々は割り出し、この車に乗り込んだ人物も特定した。連帯の若い活動家が頭を下げていたので、かなりの大物だろうとは推測出来た。この車は武建一執行委員長がいつも乗っているワンボックスカーと共に去って行った。

この人物は武建一執行委員長と極めて近い人物であり、近酸運輸とも深いつながりがある。この人物はこの近酸運輸のガサ入れに立ち会ったのではないか？　ワンボックスカーには武建一執行委員長本人も乗っていた可能性もあった。

●京宝（旧ＪＭＫ〜）の代取＝朝夷《あさえびす》健治《けんじ》、監査役＝武洋一

今回のことで、私も武建一にまで捜査の手が及ぶのではないかと期待しているのですが、ど

うなんでしょう。

間違いなく大阪府警の捜査は進んでおり、逮捕されるのも時間の問題だと思っていたが、残念ながらそれから暫く動きはなかった。

しかし、7月に入るやついに待ちに待った滋賀県警の組織犯罪対策本部の動きがあった。そしてようやく武建一執行委員長にも逮捕という瞬間が訪れたのである。この最後のハイライトは章を変えて報告したい。

その前に奈良のエム・ケイ運輸問題について第五章で触れたい。

第五章

エム・ケイ運輸及び連帯ユニオン近畿トラック支部との戦い

(1) エム・ケイ運輸との出会いからトラック撤去

「労働運動」の名のもとに労組が企業を支配下に置くという異常な事態、一体どのようなことが起きていたのか。関西のユニオン問題の現場のひとつであるエム・ケイ運輸（奈良県）より、その状況をお伝えする。

エム・ケイ運輸の場合も、連帯ユニオンとの労働争議介入によって始まった。奈良県大和郡山市にある同社で、2013年頃から、未払い賃金や違法残業を巡り労使紛争が発生。その過程で、輸送部課長が、『連帯ユニオン近畿地区トラック支部』に所属する組合員らから、「お前、やったろか」などと長時間にわたり怒鳴られ、うつ病と自律神経失調症を発症していた。

ユニオンの主張では、会社側が従業員の組合加入に介入してきたとあるが、実際のところはどうなのだろうか？　なぜこれほどまでに紛争が激化し、終いには警察沙汰となってしまうのか？　それをまずみていきたい。

［組合敵視をやめず攻撃を仕掛ける会社］

2013年7月エム・ケイ運輸で働く11名の労働者が連帯労組に加入し公然化を図った。ところが会社側は職場の諸問題を解決することなく、組合員への露骨な攻撃を仕掛けてきた。

［いきなりの襲撃で分会長が重傷を負う］

出勤の成果で就労が可能となった中で今回の「殺人未遂事件」が発生した。昨年11月30日早朝、長距離業務を終えて車庫に戻った分会長は、いきなり襲撃に遭い顔面打撲の重傷を負わされた。その後、エム・ケイ運輸の専務・喜《き》多《た》忠史は行方をくらましている。

この事件に対して、翌日の12月1日から全面ストライキに突入。現在もストライキは継続中である。

（連帯ユニオン関生支部機関紙『くさり』より）

こうして、短い期間で殆ど無期限のストライキに突入している。

・２０１３年７月　連帯労組の分会を設立

・２０１６年11月　無期限スト突入

この間には第1弾、第2弾のストライキが行なわれている。連帯ユニオン側は会社側の組合つぶしと言うが、私が思うにはもう連帯組合が設立されてから、このような立て続けに行なわれたストライキは最初から会社から多額な解決金名目の金銭を取ることが目的ではなかったのか？

そのようにしか思えない。なぜならば会社側の人間に話を聞くと、最初から5千万円のカネ

団体交渉の様子

を団体交渉の場で要求してきたと言う。この団体交渉にはエム・ケイ運輸の顧問弁護士も立ち会った。

写真は奈良県大和郡山市に本社を置く、有限会社エム・ケイ運輸の本社2階室での光景の一コマだ。私の隣に座るのが、エム・ケイ運輸の社長である喜多守氏である。

社長は一代で自分の会社を興し、この一連のゴタゴタ騒動が起きる前には50台からのトラックを持つ運送屋であった。自分もトラックの運転手から始め、会社の社長にまでなった成功者でもある。

さて、私の視線の先を見ていただきたい。向かっている視線の先に、顔を横にして避けているかのように見えるのが連帯ユニオン関生支部ナンバー2の武洋一書記長だ。この労組のナンバー1は武建一執行委員長である。同じ名字なので武洋一書記長は弟などと呼ばれているが、実は兄弟ではない。

同じ徳之島出身で親戚関係にはあるようだが、そこは詳しくは知らない。書記長であると同時に労組の財政部長として、全てを仕切っている実力者でもある。

その実力者が何故にこの席にいるのか？　そのことについては後で詳しく書くことにする。私自身はこのエム・ケイ運輸と連帯ユニオン近畿トラック支部との団体交渉に参加する資格は有していない。ただ、相手方（連帯ユニオン近畿トラック支部）が認めればこの場にいることはできた。

しかし、相手方は私を部屋から追い出したい。その理由も後で書くが、とにかく私がエム・ケイ運輸に関わることにおいて、このエム・ケイ運輸問題はこれまでとはまったく違った展開となっていく。

エム・ケイ運輸と社長宅を訪問

我々が奈良県エム・ケイ運輸と社長宅を訪問したのは2月14日だった。社長宅では、社長夫人が涙声で我々に訴えてきた。疲労困憊《こんぱい》した様子が手に取るように分かった。普通ならノイローゼになってしまう人も多く、これまで連帯に攻められ自殺に追い込まれた人も多い。

社長自宅周辺には、既に街宣禁止の仮処分が出され、２００メートル以内での街宣や自宅前で騒いではならないとなっていたにも拘わらず、連帯ユニオン近畿トラック支部（広瀬執行委

エム・ケイ運輸社長宅玄関部分に、ユニオンが設置した旗と立て看板。執拗な街宣も行なわれた。

員長）は街宣を行なっていた。そこで我々はメーターで距離を測って「仮処分を無視した違法行為を止める」ように説得したのである。

また、玄関先には連帯が電柱に取り付けた違法な看板や旗がたなびいていた。なぜこれが放置されたままなのか？　奈良県は奈良県屋外広告物条例でこれらを禁じているはずだ。

今度は会社のほうに向かった。次ページの写真でご覧のように12トンの大型トラックが倉庫の前に置いてある。しかも連帯が自分のものだと言って車検証も鍵も持って行ってしまっていることが判明した。車両は既に車検が切れていたが、所有者はエム・ケイ運輸であることが分かったので、

連帯ユニオン近畿トラック支部のゼッケンを付けたトラックが倉庫を塞ぐように置いてあった。

これを移動することを手伝うことになった。

当日朝、ツイッターでトラックの移動を写真付きで告知すると、連帯ユニオン近畿トラック支部側の関係者も集まってきた。一番先に駆けつけてきた男は、いきなり会社の敷地内に車で入ってきた。それを取り囲んで追い出そうとしたら、自分からバックして出ていった。

後で数人が押しかけてきたが、こちらは50名からの人数を動員しているので、連帯の活動家が何をしようが、皆で取り囲んで妨害できないようにしてしまった。

この一連の移動作業は映像で多くの人がご覧になり、今まで連帯ユニオンを恐れてきた人はこの様子を見て驚いたのではないか？　連帯の人間も50年の関西生コンの歴史の中で、初めてのことだと正直に認めた。また、街宣車に抗議に行くと車から一歩も降りず「怖いです」を連発するなど、打たれ弱いところも晒し、対連帯ユニオン近畿トラック支部の戦いを何も怖れることはないことも露呈した。

連帯ユニオン近畿トラック支部がストライキ中に、このような惨めな思いをしたのは初めてだったろう。そして、警察も動き出し、ガサ入れ後に実況見分（現場検証）も行なわれた。

連帯ユニオン近畿トラック支部に１５００万円！

エム・ケイ運輸は連帯ユニオン近畿トラック支部側に既に、１５００万円支払っていた。連帯の幹部二人が受け取っていたが、組合員には未だに伏せられている。実際エム・ケイ運輸前での街宣で、このことに触れると、連帯ユニオンの活動家が「嘘をつくな」「デタラメ言うな！」「捏造するな！」などと大騒ぎした。もし支払った事実を知っていたら、このような野次は飛ばせないだろう。そもそも労働団体が紛争中の会社から多額のお金を受け取っても良いのだろうか？

この事実はエム・ケイ運輸の社長と経理担当の人間から聞いた。一旦は受け取っておきながら自分たちで収拾がつかず、警察にバレることを恐れてか、後日返却したそうである。

実際にお金を受け取ったのは、武洋一書記長ともう一人の幹部で、平成29年11月1日に大阪のリーガロイヤルホテルで受け取り、平成29年12月21日に返却してきた。週刊文春の発売が12月27日だったことを考えると、その取材過程で何かあったのだろうか？

いずれにしても彼らは黙って懐に入れ、45日間も預かったままだった。武建一執行委員長にも報告していなかった。武建一執行委員長も後で会社側から言われて知った。恐喝事件で武洋一書記長は自分まで逮捕されるかも知れないと恐れたからかも知れない。

以前も解決金5千万円を大阪の会社が支払ったことがあったが、その闘争に参加した組合員には知らされていなかったそうである。脱会した組合員もこのことを知って驚いていたが、そういう組織なのだ。

ブログではエム・ケイ運輸の組合員に次のように訴えた。

☆仮処分を無視した社長自宅への街宣を止めなさい

☆孫娘の入学式に街宣車で取り囲んで恫喝したことを謝罪しなさい

☆娘さんの自宅に街宣かけているのも止めなさい

☆会社のトラックを勝手に「俺たちのモノだ」などと言って奪うのは止めなさい

組合のトップが、「組合員に内密に」と断ってまで1500万円もの金を受け取るのが連帯ユニオンだということも強調した。

エム・ケイ運輸関係者の証言と福島瑞穂議員

エム・ケイ側の人間でこの団体交渉に参加した人の証言を紹介する。

「乱暴な口の利き方で、弁護士先生が嫌がっていました。荒っぽい口調でまくしたて、最初から弁護士を降ろそうとしているとしか感じられなかった」

つまり、弁護士を外して会社側と直接カネの話をして解決しようとの魂胆がミエミエだったという。弁護士も相当我慢していたようだが、ついに耐え切れなくなって団体交渉には出ないということになった。

最初から解決金として5千万円を提示した。弁護士はその金額の明細を求めたが、それには明確に答えていない。連帯側は会社に対して総額3千万円を支払えという訴訟を提起した。

労働者への未払金なども含んでいたが、会社側の計算では未払金は100万円くらいで、それも意図的に支払いを拒絶したものではなく、この間のストライキにおける労働時間などに関して、連帯側の考え方との相違から発生したものだ。

さて、私がこのエム・ケイ運輸の件を知ったのは週刊文春の報道によるものだった。平成29（2017）年12月27日に週刊文春がこの事件を報じた。一部引用する。

社民党副党首の福島瑞穂参院議員（62）が、傷害と脅迫の容疑で奈良県警が捜査中の労働組合の応援に駆けつけていたことがわかった。

奈良県大和郡山市にある運送会社で、２０１３年頃から、未払い賃金や違法残業を巡り労使紛争が発生。その過程で、輸送部課長が、「全日本建設運輸連帯労働組合」（以下、連帯）の近畿地区トラック支部に所属する組合員らから、「お前、やったろか」などと長時間にわたり怒鳴られ、うつ病と自律神経失調症を発症していた。課長は、奈良県警郡山署に組合員らを傷害罪や脅迫罪などで刑事告訴し、２０１７年7月に受理されていた。

この事件をきっかけに、この課長はうつ病と自律神経失調症が再発し、再び入院することになった。課長が退院して、奈良県警の大和郡山署が事情聴取を行なった。その後動きはなかったが、3月13日に連帯ユニオンの会館（川口）に奈良県警と大阪府警の警察官らが多数訪れて家宅捜索（ガサ入れ）を行なった。

この時に我々の仲間がいち早く川口の会館前でカメラに収めたが、その時にガラの悪すぎる組合員が登場。その振る舞いが、暴力団顔負けの凄みを利かせての口撃だった。その時の動画はＹｏｕＴｕｂｅで公開され、１日で30万人もの人が見た。

なぜ、これほどまでに注目されたのか？　それはやはり福島瑞穂議員の週刊誌記事への登場と無関係ではないだろう。

さて、連帯ユニオンの強制捜査は今に始まったことではなく、これまでにも何回も行なわれてきた。暴力団事務所とか過激派のガサ入れのように定期的に行なわれている。情報収集の目的もあるだろう。

なおネットでは、強制捜査の際、事務所内にハングルで書かれたスローガンがあったことなどが話題になったが、私は、報道が余りにも少ないことに違和感を覚える。マスコミはどういう意図があって、この件を無視するかのような姿勢を取り続けるのだろうか？　いずれにしても、今回の強制捜査の行方が注目される。

私がエム・ケイ運輸から連帯ユニオン近畿トラック支部が、１５００万円もの大金を受け取っていたことを初めてブログに書いたのは平成30年2月15日だった。

ブログ記事に対しては、いつになく非難中傷するコメントがたくさんあり、中にはこの１５００万受領に関するものもあった。

連帯労組は、ＭＫ運輸から金など脅しとってないよ。
徳之島がまた勝手に嘘つきだした。ＭＫ運輸の代理人となのるやつが、解決したから先に１５００万円渡すとしたが、組合は全面的解決が先とこの金を突き返したのが事実。
Posted by 外道へ at ２０１8年02月15日 19：14

そこで、私は更に追い打ちをかけた。


これが連帯の公式見解ですか？

突き返した……その場でですか？　一旦持ち帰ってずーっと後になって返したのではないですか？

これは他の人には言わないで欲しいと言ってませんか？

面白くなりますね。嘘を重ねていると、いずれドツボにはまりますよ。

なぜ、私が指摘するまで、組合員に内緒にしていたのかな？

Posted by せと弘幸 at ２０１8年02月15日 19：50

突き返した、そのような事実はないという主張だった。実際エム・ケイ運輸の前で私が街宣していると連帯の活動家が大騒ぎしていた。

つまり、この時点では一般の組合員には何も知らされていなかったようだ。でなければ、私の演説を遮ってまで騒ぎはしないだろう。

連帯ユニオンがエム・ケイ運輸より１５００万円恐喝したことに関して、連帯側は正式には今でも何も言っていない。ただ、私の主張に対して「突き返した」のが事実だと当初ギャーギャー騒いでいた。

証拠を出せ！　などと言っているが、私が証拠を出すまでもない。武洋一書記長自身が口をつぐんでいるのが、それを認めたことではないのか？

「突き返した」と言っている以上、この表現ではその場では金銭の授受はなかったように思わせる言葉だ。

その後明らかにしたことだが、持ち帰って45日間も武洋一書記長は預かったままで、週刊文春に書かれそうになって慌てて返した。それが真相だろう。そんなことを組合員や従業員に説明できる訳がなかったということだ。

解決金としてもらったならば、慌てて返す必要などなかったはずだ。５千万要求していたのだから、堂々とそれを認め、預かっていると答えるべきだったのではないか？

このように追及し始めると、もう観念したのか、次のように言い訳を始めているそうだ。これはあくまでも内部告発者の言葉だ。

「何のことか分からない。嘘をついている」

「出されたが突き返した」

と最初は説明していたが、今度は会社側から嵌められた、と弁解しているそうだ。最初からもらったことを認めていれば、このように後で恥を晒すことはなかった。

嵌められたにしても、一旦もらって仕舞い込んでいた事実は消えない。それを組合員には内密にしておいて欲しいと会社側に伝えてある。

しかも、嵌められたわけではない。この時にエム・ケイ運輸側に2つの条件を提示している。
1．これまでの弁護士を降ろすこと
2．会社側から出ている告訴を取り下げること
それを言っている以上、嵌められたなどとは言えない。会社側は弁護士は降ろしたが、告訴は従業員が行なっており、その従業員の了解が得られなければ無理と答えている。

それでも、お金は受け取って帰っているので、嵌められたなどとは恥ずかしい限りの弁解でしかない。

これまでの経緯と団体交渉に関して、会社側から聞き取りをした。

平成25年8月19日から平成26年7月26日までの団体交渉に関しては代理人弁護士にお願いしていた。平成26年7月26日以降の団体交渉には当時、労務顧問契約を結んでいたKY経営サポート株式会社の方に、労務担当役員に就任してもらい対応した。

平成28年11月14日頃から連帯ユニオンは会社のみならず、社長宅や子供の自宅周辺で連日街

宣を行ない始めた。「未払い賃金を払え。暴力団を介入させるな」などといった街宣を行ない、取引先の会社に訪問をしてビラを配布、面会を求めるなどの嫌がらせ行為を始めた。

このような嫌がらせが連日繰り返し行なわれたので、恐ろしくなって平成28年12月19日の団体交渉には自ら出席した。

この時は会社側からは6名、連帯側からは8名が参加した。連帯側は「手取り最低35万円の保障」「組合の実質損分３００万円の賠償金の支払い」の要求が出されたが、その場では結論を出せなかったので、引き続き21日に行なうことになった。

・平成28年12月21日の団体交渉の全容

会議室で監禁状態にされる

会社側は5名で行なう予定だった。先に10名ほどの連帯側の人間が会議室に入り、その後、社長一人が入室するなり、社長の後ろに続いて入ろうとした社員が会議室に入れなくした。少し入りかけていた社員を力ずくで追い出して、社長一人だけにして連帯側が社長を取り囲んだ。

会議室では何が行なわれたのか？

社長が手取り35万は難しい、赤字になってしまうし、会社をもうたたむしかない。そのように言ったならば、団交に参加した柳生和美執行副委員長は最後まで話を聞かずに「ほな、はよ会社たためや」などと大声でまくしたて、中にいた10人ほどの連帯ユニオン近畿トラック支部の組合員が一斉に「今すぐたため！」などと怒鳴り声で迫ってきた。

何度も断ってもまったく聞く耳を持たず一方的に怒鳴り脅されて、結果的には最低保障の35万円や300万円の解決金を約束させられた。その後、怖くなった社長は弁護士に相談。弁護士先生はこの時言った約束は認められないとして、連帯へ発言の撤回を文書で伝えた。

平成29年2月28日、奈良県弁護士会館において団体交渉を行なうことになった。エム・ケイ側からは社長と4名の弁護士先生が参加したが、連帯は16人もの組合員で押しかけて、解決金として5000万円を要求して来た。

エム・ケイの依頼した弁護士先生たちは5000万円の内訳、根拠を何度も質問したが、説明は一切されず、ただ5000万円の要求を飲まなければストライキを続行させるとしか言わなかった。

つまり、このエム・ケイ運輸の問題では余り事を大きくしたくない。それが彼らの本音であると見ているからだ。

即ち、騒ぎを大きくしたくない事情があちら側（連帯ユニオン）にはあったのだ。沈静化を図りたい。会社側に告訴を取り下げさせて、団体交渉を急ぎ終わらせたい事情があった。

（2）ストライキ解除までの長い道のり

エム・ケイ運輸の連帯労組（近畿トラック支部）は平成30年10月31日を以てストライキを一方的に解除してきた。第3弾のストライキ開始から何と699日目だった。エム・ケイ運輸は貨物車両を50台ほど所有する中小零細のトラック運送会社である。

そこに突然組合が結成される。平成25年7月22日に「組合結成通知書」なるものが送りつけられた。それから5年余りが過ぎた。この5年間、会社側は連帯ユニオン近畿トラック支部に苦しめられ、何度も経営危機を経験したが、それを乗り切った。

私が関西生コン討伐運動に成功しなかったなら、このエム・ケイ運輸が今どうなっていたか分からない。これまでの私が関わってからの後半部分を（1）に引き続き見ていくことにする。

私は会社側から頼まれ5月にはエム・ケイ運輸の団体交渉の場に出た。しかし、私を認めないということで、それはたった1回で終わってしまう。この時の議題で会社側から出したものは、社会保険料の立て替え問題だった。仮にストライキ中で会社の仕事はしていなくとも、社会保険料は立て替えて払わねばならない。

本当にこれはおかしな制度だ、しかも、本人たちにはいくら払って欲しいと言っても埒が明かない。そこで団交の場で持ち出した。連帯労組の柳生和美副執行委員長は社会保険については払うと言った。しかし、自分たち労組がまとめて一旦払うのか？　それとも組合員一人一人に払わせるのか？　そこまでこちらも詰めた話をしなかった。

払うのが義務なので、払わない訳にはいかないだろうと思ったが、払う気がまったくなかった。催促してから連帯労組が送ってきた答えはトンデモナイ言いがかりに等しいものだ。彼らに言わせると、組合がそもそもストライキに突入したのは、樋口（仮名）分会長が何者かに襲われてケガを負わされたのが原因だ。つまり危なくて仕事をやっていられない状態での止むを得ない事情があるのだから、その間の給料を払えという主張だ。

その金を先に払えば社会保険の立て替え金も払ってやるなどという無茶苦茶なもので、もう話にもならなかった。無期限ストと称して「何がなんでも勝ち抜くぞ」と威勢の良いストライキに陰りが見え始めたのは、やはり、連帯ユニオン関生支部にガサ入れが何度も行なわれて、ついに武建一執行委員長が逮捕された頃からだった。

滋賀県警に逮捕・留置された武建一執行委員長の身柄奪還や抗議活動に駆り出される姿を見るようになった。本人たちの気持ちはどうだったのか？　不安でしょうがなかったようだ。「いい歳してこんなこと、もうやってられないよ」とぐちをこぼす組合員も一人や二人ではなかった。ちなみに、いつも会社の前で待機していた人間は40代半ばが3人、残りの3人も50代で働き盛りだ。

連帯ユニオン近畿トラック支部抜きで「社長と話をしたい」と出てきて、会社側は連帯ユニオン近畿トラック支部抜きならと自宅で語り合った。もう、明らかに彼らも焦りを感じ何とか打開したい気持ちがありありと見えた。しかし、労組員の多くは連帯から手当も出ているとも言われているし、それならば辞めるに辞められない状況であることは明らかで気の毒にも思えたこともあった。

その連帯労組が突然ストライキをやめにすると通告して来たのが10月に入ってからだった。それまでは取引先に対する嫌がらせ街宣などを繰り返していたのだから突然の出来事だった。10月17日にストライキ解除の通知が来た。結論から先に言えばまだこの時点では何も決まっていないということだ。確かに「ストライキ解除通告書」との表題があり、「２０１８年10月31日をもって組合員９名全員のストライキを解除することを本書面をもって通知するものである」と明記されていた。しかし、その下に次の一文があった。

また、ストライキ解除にともなう組合員の業務提供、担当車両の整備、就労開始の労働条件などについて、２０１８年10月26日までに団体交渉を開催するよう申し入れるので、本書面到達後5日以内に書面をもって諾否を回答するように求める。なお、これまでくりかえし通知してきた通り、瀬戸弘幸氏については団体交渉への同席は認められないことを改めて通知する。

この通告書の最後に関する会社側の回答は、「瀬戸弘幸氏は当社の役員であり、瀬戸氏を抜きの団体交渉には応じられない」と返答した。

つまり、私が会社側の役員でいる以上、いくら連帯側が「ストライキは解除した、だから直ぐに職場に復帰させろ」「仕事を与え給料を払え」などと言ってきても、それには応じられない。

連帯ユニオン近畿地区トラック支部側は取引先に対して嫌がらせ街宣を執拗に行ない、そのために取引先は急減して、新たな仕事をもらえる所など見つからない。それなのに自分たちのやってきた行ないについては何も語っていない。

私が団体交渉に参加したら、言いたいことはたくさんあるが、とりわけこの仕事のことについて言いたかった。

「あなた方の取引先に対する嫌がらせで会社は取引先を失った。今あなた方が職場に復帰すると言っても仕事がない。まずはあなた方が自分で仕事を探して取って来なさい」

話はそれからになるだろう。かつて樋口分会長は「仕事を出すと言っているところはたくさんあるんだ。それを会社が受けないだけだ」と言っている。

その通りだ、樋口君。自分たちが働きたいならば、まずは当面自分たちが運ぶ仕事を自分たちの責任で見つけることから始めるべきではないか？

あなた方はこのエム・ケイ闘争に敗れたのである。もう、連帯ユニオン関生支部はあなた方を見捨てた。その現実をよく直視して真摯な気持ちで会社側に頼み込む姿勢がない限り、私がエム・ケイの役員を降りることは当面ない。

あなた方の要求などは当然呑めない。組合員が口出しすべき問題でもない。経営者が私を必要と認めているから私は役員となっている。

自分たちがどれほど会社側に迷惑をかけ続けてきたのか？　それを反省もせずに、ただ会社に戻りたいなどの要求がそんなに簡単に通るはずもない。

これまで働いてきた一般の従業員はあなた方の顔も見たくないと言っているのを知らないのか？　「どの面下げて働きたいと言っているのか、信じられない」とも言ってるそうだ。

甘ったれるのもいい加減やめろ！　と言いたい。もっと普通の感覚を取り戻せと言いたい。

この文面からはとてもあなた方がまともな人には残念ながら思われない、と結んだ。

その後エム・ケイ運輸において、ストライキ解除の通知を受けてどうするか？　その対策もあって呼ばれて話し合いをした。余りに突然のことなので戸惑いもあったが、まずはストライキ解除を受け、職場復帰を受け入れることで基本的には合意した。

そのことは短い文面になるが、次のように返答した。

ストライキ解除の通知を受けましたが、走行する車両がすぐには準備できません。業務できるように準備でき次第連絡させて頂きます。

尚、瀬戸弘幸氏については当社の取締役なので団体交渉には参加させて頂きます。

連帯ユニオン近畿トラック支部側は私に団体交渉への参加を認めないと言っているが、会社側は私の参加を前提として、団体交渉に応じると改めて通知し、その期日も指定することとなった。

なぜならば、上記の短い通知に対して返答がまだないので、改めて早急に出すことになった。

今回、私の団体交渉を連帯ユニオン近畿トラック支部側は拒否しないと見ていた。

また、団体交渉出席を開催されなければ、何も決まらない。取り敢えずは団体交渉を開いて、特に会社側は現状を説明し、従業員の労働条件などを提示させていただくことになった。

後は、連帯ユニオン近畿地区トラック支部の判断となる。

エム・ケイ運輸に向かう途中の駐車場に寄った。本社の前に置いてあったトラックを移動したところである。組合員が乗っていたトラックなど12台があった。長期間走っていないので、車検も切れていて整備するにも時間と資金がかかる。

そのような資金の手当ても必要だ。組合員に立て替えた社会保険の1千万円が戻れば、そんな心配はいらないが、会社側にとっては頭の痛いことだ。

彼らが荷主への嫌がらせ行為を行なったので仕事もそう簡単には見つからない。樋口分会長は「仕事などいくらでもあるんだ」と言っていたので、まずはその仕事を紹介してもらいたいほどだ。

ストライキ解除にあたっては団体交渉が必要となる。会社側は今日、団体交渉を受諾することを組合側に伝えた。しかし、組合側からの返事は私「瀬戸弘幸」が参加するので、これを拒否し、代わりに県労働委員会に「あっせん」をお願いするという回答がきた。

会社側弁護士は、これでは10月末のスト解除はない、昨日でスト解除したのだから今月から給料を払えという主張は通らないという見解を示した。ストライキ解除は県労働委員会の場に持ち込まれた。

なぜ、連帯ユニオン近畿トラック支部は私の参加を拒否しているのか?

差別主義者や反社勢力などとは話をしないという彼らの主張が、県労働委員会で認められる訳がなかろう。よって、今回は別な理由を一行だけ加えてきた。

「瀬戸弘幸氏の出席は平穏かつ意義のある団体交渉の妨げになるので認められない」

私が出席することで団体交渉ができなくなると彼らは言っているが、これは詭弁に過ぎない。これまでのような威圧を加えたり、恫喝まがいの団体交渉ができなくなるから、彼らにとっては都合が悪いだけだ。

彼らは業務に戻るから、すぐにトラックを用意すべきだと要求するだろう。

それに対して会社側では私が次のように述べることになっていた。

「柳生副委員長、あなたは社会保険の立て替え分を払うと言いましたね？　だったらそれをまずは払いなさい。1千万以上になります。会社側はその金で車検を受けて乗れるように準備しますから、どうかお支払いください」

こうなることは目に見えている。ここから前に進まない。会社側は彼らの嫌がらせで顧客を失い、すぐに仕事は取れない。だったら、「樋口分会長、あなたはいくらでも仕事はあると言ったのですから、自分たちで見つけて来て下さい」と言うしかない。

いずれにしても職場復帰の前に言わなければならないことはたくさんある。私は冷静かつ沈着にお話しするつもりだった。彼らのように怒鳴ったりしない。その映像が流れることを恐れたのだろうか。

私は堂々としていたのだから、結局、連帯ユニオン近畿トラック支部は私から逃げたと思われても仕方ない。団体交渉の場に出てきて私を攻めれば良いものを絶好の機会を自ら逃したと言わざるを得ない。

それでも会社側は何とか仕事を見つけ出し彼らに与えた。今でこそ言えるが、当初の仕事は私が知り合いの会社にお願いして出してもらったものだった。そんなことも組合員は知らないで一生懸命仕事をしていた。私はその後彼らとは一度も会っていない。今後どうなっていくのだろう?

(3) 私へのガサ入れ、奈良県大和郡山署

11月になったある日、私の宿泊していたホテルのチャイムが鳴った。覗き穴から見ると警察官らしき7人以上が見えた。直ぐに予期していたことが来たと直感したので、ドアを開けた。入って来たのは奈良県大和郡山署の警備課のデカたちだ。

捜査令状を示した。私の名誉毀損の疑いである。武洋一書記長に対するもので訴えたのは武洋一書記長本人である。武洋一書記長が1500万円を恐喝したとブログに書いたことが名誉毀損だと言うのだ。この件については奈良の警察に被害届が出されていることは知っていたので、いずれ来ると覚悟はしていた。

この問題については、逆に来て欲しいと願っていたのも事実だ。自分は確信を持って書いた。事実だし、それをスクープとして世に公表したのも自分だ。私が公表しなかったならば、この事件は明るみに出ることはなかった。まずは逮捕状はあるのかどうかを尋ねた。名誉毀損事件の場合は逮捕されることはない。まったくないとは言い切れないがまず以てない。

それを確認してからガサ入れに応じた。パソコン、携帯電話は勿論のことあらゆるエム・ケイ運輸に絡む文書が押収された。警察が来ることを予期していたので、その関係の書類は全て保管してあった。

ブログでは書いて来なかった。事実関係を示す書類はほぼ完璧にしまっておいた。その点ではいつ来ても大丈夫との自信はあったが、やはりその場になると不安も少しはある。ガサ入れだけと思っていたが、終わると任意同行を求められた。

逮捕はないと思っていたが、直ぐに任意同行を求められたので、弁護士への連絡を申し入れると警察官の一人が「心配しないで下さい、今日戻れます」と言うので、とりあえず連絡なしでそのまま警察署に向かった。

私が最初に聞いたのは次の2点だった。武洋一書記長が恐喝したと書いたのは事実だ。実際に金を受け取っているのに、恐喝ではないという訴えを警察は受理して私を取り調べる根拠は何か？

警察の答えはこうだった。「金を渡す時に脅すような言葉を発していない」

なるほど、洋一氏はテープレコーダーでも持っていてそれを録音しており、それを証拠として出したのだろう。しかし、この言葉には思わず笑ってしまいそうだった。笑いはこらえて私は次のように言った。「今どきのヤクザ者だって、金をもらう時はニコニコしてもらうよ」、私が言いたかったことは警察官も理解できたと思う。

1500万もの大金を出すのは、それなりの理由がある。出さざるを得ない状況まで追い込まれたからこそ、藁をも掴む気持ちで渡して何とかしようと思った。でなければ、これまで散々苦しめられた相手にそう易々とそれだけの大金を渡すはずもない。しかも領収証もなければ、渡した時に「誰にも言うな！」と言われており、普通のお金ではないのは明らかだ。

そして、もう1点だけ質問した。それはそのお金を45日間も預かっておきながら、後で返してきた理由は何なのか？　ヤバイと思う認識があるからこそ、返してきたのであって、正当な理由があればコソコソ返して来ないし、それを内密にしておく必要もない。胡散臭いお金、つまり恐喝したと書かれてもしょうがない性質のお金ではなかったのか？

それについては「教えられない」の一点張りだ。この返答には納得がいかなかった。被疑者扱いを受けている以上、それを相手方に聞いてからの判断でこちらを調べるのが筋ではないのか？　それを知らないとは唖然としてしまった。私としては初日の供述調書へのサインを断ったくらいだ。しかし、私の主張もその旨載せるということで妥協した。

この日、自由の身になってから直ぐに知ったのだが、この日の同じ時刻にエム・ケイ運輸の喜夛守社長も事情を聞かれていた。丁度警察署に到着した頃に誰かとハチ合わせしないようにという会話があったので、こちら側としてはてっきり武洋一書記長も呼ばれているものとばかり勘違いしていた。

会社側も同時に調べを受けているということは、この事件の解明を本気で奈良警察がやるつもりなのかと、少しばかりは期待に胸を膨らませた。

このお金は確かに会社側が連帯との和解を求めて人を介して渡したものではあるが、その詳しい経緯についてはブログなどでは公表していない。橋渡しした人物なども今回呼ばれており、奈良警察はその全貌にどこまで迫ることができたのか？　それは現在も分からない。

しかも、なぜ受け取ったお金を返してきたのかは、今以て知らない。喜夛社長と奥様は平成29年11月10日に武洋一書記長と西山氏の二人と会っている。このとき、会社側は「ストライキを解除して、駐車場に留めているトラックを別の駐車場に移動したい」「連帯の旗を会社敷地から取り外して欲しい」旨のお願いをした。その時に西山氏は了承した。

ところが、その後、何らの動きを見せなかった。会社側が何度もそれを伝えても、一方的に会社側が呑めないような条件ばかり出してきて、この問題は暗礁に乗り上げてしまう。

丁度この頃、週刊文春が取材に訪れた。連帯側は内密にお金を受け取っていたことをバラされるとでも思ったのか？　突然この1500万円を返してきた。この件はまだ詳しいことは書けないが、検察官がどのような判断をするかによって、こちらの態度も決まる。もし万が一、この問題で私が罰を受けるようなことがあれば、徹底的に争うことになる。そうなった場合、この問題は世間に、よりオープンな形で暴かれることになるだろう。

この事件に関与した人は警察に呼ばれ聴取されている。会社側はこの巨額なお金は連帯に脅されて出してしまった……と供述しており、私はそれをもっともな主張であると考えて記事にした。

年明け（平成31年）には何らかの動きがあるだろう。その時にはブログなどで明らかにするが、今の段階ではここまでしか書けない。また、この取り調べ中に会社側が連帯ユニオンを訴えた裁判が結審して、判決は3月14日となった。1億5千万円にも及ぶ損害賠償裁判だ。結審した日にはこのようなやり取りがなされたという。

裁判官「お正月に家に行くのはなぜですか？　普通は余りしないと思いますが？」

連帯側「社長が必ずいると思ったからです」

裁判官「これで終わります」
と言うなり、
連帯側「もっとやっとけば良かった」
と言った。それはどういう意味ですかと聞かれても無言だった。
連帯側「質問があります」
と手を挙げたが、
裁判長「あなたにその資格はありません」
で終わった。

この裁判には喜夛社長夫妻、娘さん、息子さん、かつての役員らが全て参加。自宅などへの街宣を受けた損害賠償を求めるものだった。丁度この本が出版されるのは3月中旬だ。その頃どのような判決が下るのか？　それも楽しみだ。

第六章

滋賀県警の強制捜査と武建一執行委員長逮捕

（1）滋賀県警がついに動き出す

滋賀県警が連帯ユニオン関生支部に対して強制捜査に乗り出す動きがあることは、かなり前の段階（平成30年2月頃）から囁《ささや》かれていた。しかし、4月説、6月説と延び延びになっているとの情報しか入らず、もうやらないのか？　と内心では諦めの感情も芽生えたのが7月に入った頃だった。

7月2日に大阪府警に抗議する声明を連帯ユニオン関生支部は掲載した。抗議文の中で連帯ユニオン関生支部は「どれほど大掛かりな陰謀事件をでっち上げるつもりなのであろうか」と警察を非難していた。それに対する反論はブログで発表した。

連帯ユニオン関生支部は警察の家宅捜索を権力による威力業務妨害だと言い、大掛かりな陰謀事件のでっち上げと書いているが、内心ではビクビクものだろう。いつ、トップの武建一執行委員長と幹部が逮捕されるかヒヤヒヤしてXデーを待っていると思われる。

大阪府警の2度にわたるガサ入れで大量の証拠が押収され、ゼネストと称された威力業務妨害事件で次は大量の逮捕者が出て、武建一執行委員長もいよいよお縄になる日が近づきつつあるようだ。

その日が近づいていると前々から指摘してきた。また、この捜査の進展の過程でバランスを取る意味で、こちら側にも犠牲が出ることもあると事前に書いている。「本年4月6日付で告訴した。ところが、大阪府警がこの件でまともな捜査をしている気配はない」「警察は自分たちばかりをやっており、相手はどうなの？　やっているのか」と連帯ユニオン関生支部側が抗議してくるので、警察としては、平等に扱っているとの立場を示したいのだろう。

しかし、彼らが徒党を組んでこれまでやってきた行為と、我々がこの6ヵ月間やってきた連帯ユニオン労組への糾弾行動など比較するまでもない。こちら側のは正しい政治活動に他ならない。

ただ行き過ぎた点があったことは認めるし、それで逮捕者も出した。しかし、器物損壊は確かに微罪に過ぎない。よって早く認めて罰金を払って2日で釈放ということもありえた。

しかし、全面的に否認しているのは、たとえ起訴されても器物損壊そのものよりも、裁判で長期化しても、自分たちのこれまでの運動の正しさを主張するためだ。

「沖縄基地撤去、原発再稼働阻止、戦争法・共謀罪阻止、憲法改悪反対を求め、安倍内閣と真正面から戦う労働組合への弾圧にほかならない」

こんな主張をする労働組合は絶対に潰さねばならないと思った。確かに50年の歴史があり、労働組合としての存在は法的に守られてはいるが、少なくとも指導者は厳しく罰せられなければならない。

私が大阪の地を踏んで「武建一討伐」運動を開始したのは、そのために他ならない。

連帯ユニオン関生支部の反転攻勢は言葉ばかりで何も起きてはいなかったが、討伐隊を刑事告訴したという報告が彼らのサイトに載った。

第1事件
告訴趣旨　名誉毀損
被告訴人　瀬戸弘幸、渡邊昇
概要
連帯ユニオンの組合員の自宅周辺で、同人を誹謗中傷する大音量の宣伝や大量のビラ配布で同人及びその家族が被害を受けた。
第2事件
告訴趣旨　傷害及び器物損壊

被告訴人　渡邊昇、他1名
概要
渡邊昇と他1名は、連帯ユニオンの事務所に不法に押し入り業務妨害をはたらいた。その際、渡邊昇と他1名が連帯ユニオンの組合員に暴行し、同人のメガネを破損させた。

第3事件
告訴趣旨　虚偽罪
被告訴人　渡邊昇
概要
渡邊昇と仲間数名は、活動中の連帯ユニオンの役員を取り囲み、その際、渡邊昇は暴行の事実がないにもかかわらず、連帯ユニオンの役員から暴行を受けたとの虚偽事実をもって告訴した。

第4事件
告訴趣旨　器物損壊
被告訴人　渡邊昇
概要

渡邊昇や大阪広域協組の関係者複数名、丸山克也和歌山県生コン工組理事長は、和歌山県で業界再建の活動をしていた連帯ユニオンの車両の進路妨害をし、その際、渡邊昇が連帯ユニオンの車両を破損させた。

第5事件
告訴趣旨　名誉毀損
被告訴人　有門大輔
概要
連帯ユニオンの役員の自宅周辺で、同人を誹謗中傷する大音量の宣伝を行ない同人及びその家族が被害を受けた。

第6事件
告訴趣旨　威力業務妨害
被告訴人　渡邊昇
概要
7月10日、和歌山県警御坊警察署は渡邊臥龍こと渡邊昇を逮捕した。容疑は器物損壊である。

渡邊昇容疑者と仲間十数名は、本年1月25日、和歌山県生コン工組の丸山克也理事長と大阪広域協組4人組とともに連帯ユニオンの活動を妨害し、その際、渡邊昇容疑者は連帯ユニオンの自家用車を破損させた。

第7事件
告訴趣旨　名誉毀損
被告訴人　渡邊昇
概要
連帯ユニオンの組合員の自宅周辺で、同人を誹謗中傷する大音量の宣伝で同人及びその家族が被害を受けた。

そしてその直後、討伐隊の渡邊昇氏が和歌山県警に逮捕された。彼らのはしゃぎぶりは異常とも思えるほどだった。ようやく、彼らの反転攻勢なるものが始まったか？　とこちらも深刻に考えざるを得なかった。

しかし、今思えばこの大半が起訴猶予や不起訴で不発に終わった。確かに川口会館の件はこの原稿を書いている今もまだ処分は出ていない。しかし、これもこの本が世に出る頃には取り調べを受けた私の容疑は嫌疑なしとして不起訴となることを固く信じている。

特に酷かったのは第1事件と書いてあるもので、私への告訴そのものが虚偽だったことだ。反転攻勢とは言ったものの、その大半は嫌がらせ目的の告訴だったことは明らかだ。

我々は一瞬暗い気持ちになったが、それはすぐにも吹き飛んだ。ついに滋賀県警が連帯ユニオン関生支部に強制捜査に乗り出したからだ。

生コン組合の幹部ら恐喝未遂疑い

東近江市を中心とする生コンクリートの業者でつくる組合の幹部など4人が建設工事の関係者に対し、「大変なことになりますよ」などと脅して、組合に加盟する業者と生コンクリートを調達する契約を結ぶよう迫ったとして、恐喝未遂の疑いで逮捕されました。

逮捕されたのは、▼東近江市内などの生コンクリート業者でつくる「湖東生コンクリート協同組合」の副理事長、北川義博容疑者（59）と、▼組合の理事、朝夷健治容疑者（67）など4人です。

警察によりますと、4人は県内で建設が進められていた巨大な倉庫の工事をめぐり、建材の調達を担当する大阪市内の会社の男性に対し、組合に加盟する業者と生コンクリートを調達する契約を結ぶよう要求しましたが、断られたため、「大変なことになりますよ」「何かあるかもしれませんよ」などと脅迫したとして、恐喝未遂の疑いが持たれています。

脅迫行為は去年3月から7月にかけて行なわれましたが、この男性は要求を断り続けていたということです。

その後、この男性などからの相談を受けて警察が捜査に乗り出し、18日朝から東近江市内にある組合の事務所や大津市内の関係先など県内数十か所を家宅捜索し、資料を押収しました。

警察は、押収した資料を分析するなどしてさらに捜査を進めることにしています。

警察は４人の認否について明らかにしていません。


（ＮＨＫニュース　平成30年07月18日）


私も直ぐに取材に入った、そこでこのようなことが分かってきた。

滋賀県だが、ここの生コン業界は武建一執行委員長の支配体制の下にあった。絶対的な支配体制と言っても過言ではない。生コン業界は武建一執行委員長の存在を恐れ、楯突く者は一人もおらず、まさに武建一執行委員長が独裁的権力を持って支配していた。

その滋賀県での事件だ。滋賀県警の組織犯罪対策本部が、この大掛かりな捜査で何を狙っているかはもはや明らかである。連帯のトップである武建一執行委員長の逮捕であり、この犯罪に加担した幹部や執行役員全員の逮捕と送検だ。

どのような事件なのか？　生コン業界にはインとアウトという言葉がある。生コン会社は地域ごとに協同組合を作っているが、協同組合に参加している会社はインと呼ばれ、入っていない独自の会社はアウトと呼ばれている。

滋賀県内に工場を持つ清涼飲料水のメーカー『チェリオ』は大型の倉庫をゼネコンに発注した。大和ハウス工業の子会社となった中堅ゼネコンの㈱フジタだ。フジタは工事に使うセメントを組合員以外の業者から仕入れることにした。

彼ら生コン業界ではアウトということになる。組合以外のアウトの会社とフジタは契約した。それにイチャモンをつけたのが、湖東生コン協同組合だった。この幹部は今回の強制捜査で逮捕されたが、その中には武建一執行委員長の古くからの子分のような存在の人間もいた。

まずは彼らが逮捕された。滋賀県警はこの協同組合の幹部たちから、嫌がらせの恫喝街宣の指揮者が誰なのか？　その供述を取ることになる。それとは別に連帯ユニオン関生支部の実行部隊も全て面が割れており、次々に逮捕されることになる。

中には口を割らない活動家や協同組合の経営者もいるはずだ。しかし、そんなに組織犯罪対策本部の取り調べが甘いとは思えない。徹底した捜査が行なわれることは間違いない。

単に街宣だけではなく、工事現場のポンプを壊して止めてみたり、大和ハウス工業本社や㈱フジタ本社への街宣を行なったり、社長自宅周辺では嫌がらせ街宣など、証拠は既にあがっているので、簡単には逃れることはできないだろう。

この事件が起きて誰もが思ったことがある。大阪広域生コンクリート協同組合の威力業務対策本部も緊急声明を出した。

〈対策本部長　経緯・経過のご説明〉

連帯系列の湖東生コン協同組合に家宅捜索

平成30年7月18日に連帯関西地区生コン支部系の湖東生コン協同組合に捜査のメスが入り、4名が滋賀県警により事情聴取が行なわれ容疑が固まり次第、逮捕されるようです。容疑は昨年、滋賀県内で行なわれていた某ゼネコンが施工する現場に繰り返しクレームをつけ圧力をかけ脅した「恐喝未遂容疑」であります。

この事案は生コンクリート業界では有名な連帯関西地区生コン支部主導で行なわれていたことも、周知の事実です。この滋賀県警の動きで今まで、まことしやかに囁かれていたXデーも近づいているのを実感しました。

この先、雪だるま式に逮捕者が出るのは明白であり今回、捜査関係者には「武建一」及び連帯関西地区生コン支部の闇の部分を白日の下に晒していただきたい。

また、大阪広域の組合員におかれましては、今一度気持ちを引き締め、これから始まる本当の戦いに臨んで頂きますよう、よろしくお願い致します。
大阪広域は連帯関西地区生コン支部と最後まで徹底的に戦う所存でありますので、関係者各位の皆様方には、今後ともご理解、ご協力頂きますようお願い申し上げます。

まことしやかに囁かれていたXデーも近づいている

そう私も確信した。このXデーとは連帯ユニオン関西生コン支部・武建一執行委員長の逮捕である。これまでも何度か書いているが、多くの人がその日がいつになるのか？　それを待っていた。

滋賀県警の捜査はかなり前から知っていた。大阪の地を踏んでから間もなくである。実は滋賀県だけ街宣カーで回らなかった。その理由は滋賀県警が内偵捜査をして、必ずトップを逮捕し他の幹部クラスも一網打尽にする……という情報を早くから得ていたからだ。

滋賀県で街宣中に連帯の人間と揉めるようなことがあれば、これは連帯に口実を与えてしまうだけなので、注意してきた。連帯ユニオンもある程度は予想していたことと思う。

（2）武建一執行委員長への包囲網・そして近づくXデー

8月に入るや、私は幹部たちの大胆な今後の予測をぶち上げた。

滋賀県警察組織犯罪対策本部
事案　恐喝未遂　脅迫　強要　湖東協同組合　最終容疑者　武建一執行委員長
　恐喝未遂　大津協同組合　最終容疑者　武洋一書記長

京都府警組織犯罪対策本部
事案　脅迫　強要　京都府内生コン　最終容疑者　湯川副執行委員長

大阪府警組織犯罪対策本部
事案　威力業務妨害　強要　SSセメント　最終容疑者　武建一執行委員長

和歌山県警御坊警察署
事案　傷害　名誉毀損　暴行　最終容疑者　T書紀次長

これまで、川口の連帯会館に対して、これだけのガサ入れが行なわれた（滋賀県警・京都府警は除く)。これらの問題は全て決着する。最後は大阪府警となるが、その大阪では今年6月にサミットが行なわれるので、連帯ユニオン関西生コン支部の捜査は昨年のうちに終わりたいはずだ。

既にもう3回ガサ入れが行なわれているので、捜査はほぼ終えていると考えられる。

さて、滋賀県警の組対が逮捕した湖東生コン協同組合事件だが、今日で取り調べが満期を迎える。ゼネコンが受注した現場にイチャモンをつけて脅した容疑だ。

関西生コン支部の実働部隊がその後、執拗に嫌がらせを行なった。次にはこの実働部隊20名近くが逮捕されるだろう。最終目標はトップの武建一執行委員長と聞いているが、果たしていつになるのか?

この滋賀県の組対本部は同日、大津生コン協同組合にもガサ入れしているが、この大津協同組合では逮捕者は出ていない。しかし、その後、任意で事情聴取が行なわれて来た。こちらも容疑が固まれば大手企業に対する恐喝容疑で動きが出るかも知れない。

京都においては閉鎖に追い込まれた生コン会社への恫喝街宣などで、内偵捜査が行なわれてきた。滋賀県の組対の後は京都府警の組対が動くとの噂は現実のものとなるようだ。

奈良県大和郡山署における連帯ユニオン近畿トラック支部の傷害・脅迫事件は現場検証も終わっているが、そのまま動きが半年近くない。しかし、滋賀・京都と動きが出れば検察庁も何らかの結論を出さざるを得ないと思われる。

我々の側で逮捕者が出た和歌山県警御坊署の事件だが、処分保留で釈放された。バランスを考慮すれば、次にやられるのは連帯ユニオン関生支部の湯浅生コン暴力事件だ。一昨年9月にはガサ入れしており、もういい加減に捜査しなければならないだろう。

新たに丸山会長も正式に和歌山県警に告訴状を提出して受理されたようだ。こちらも動きは早いだろう。名誉毀損、当たり屋の虚偽告訴なども決して軽い罪とはならない。

幹部も動揺を隠せないのかも知れない。土日にもたくさんの組合員が会館に集まっている。身を寄せておかないと不安なのだろう。安倍政権と戦うのは連帯ユニオン関生支部しかない……などと盛んに反権力姿勢を強めているが、弾圧されているとの被害者意識だけが今の彼らの主張の根拠となっているようだ。

可哀そう（?）だが、自業自得である。いよいよ目が離せない状況となってきた。

武建一執行委員長は逮捕された。しかし、右腕と目された武洋一書記長に滋賀県警の手は届いていない。証拠固めが難航し、このまま逮捕を免れるかもしれないとも思ったが、武洋一書記長はその後大阪府警に逮捕された後、釈放された。

京都府警はまだ始まっていないし、和歌山もまだだ。しかし、和歌山も今年は強制捜査が行なわれるだろう。武谷新吾書記次長まで行くかどうかは、まだ分からない。しかし、ぜひそうなって欲しいと希望している。要するに幹部全員の逮捕であり組織の崩壊だ。

さて大規模な強制捜査の一報がもたらされたのは8月9日だった。
滋賀県警察「組織犯罪対策本部」が本日午後1時チョッキリに連帯ユニオン関西生コン支部武建一執行委員長の川口会館前に大型マイクロバス2台、中型マイクロバス2台、普通乗用車10台以上で乗り付けて、ガサ入れを開始した。（総勢150人〜200人）
川口会館では不意をつかれたのか？　組合員が玄関先に立ちふさがって防ごうとしたが、その後、中に突入した。既に逮捕者が数名出ている模様。各テレビ局や新聞社も多数来ていた。
勿論、我々の取材班も5名で撮影をした。

連帯ユニオン関生支部が必死で滋賀県警を批判

いよいよ始まった。若手執行委員で次世代の連帯ユニオン関生支部を率いると目される西山直洋氏の勇ましいばかりの闘争宣言である。この声明文の中で特に注目すべきは、滋賀県警組織犯罪対策課は警察庁の指示で動いていると書かれていることだ。
もし、これが本当であれば、これまで私が書いてきた今回の捜査は、警察庁が関西地区の2

府4県の警察に指示して、連帯ユニオン関生支部（武建一執行委員長）を壊滅に追い込むための頂上作戦であることを示している。

中核・革マル・革労協のような極左過激派と位置づけは同じだろう。ただ、違うのは労働組合であり、立憲民主党と極めて近く、関西地区から当選している議員は武建一執行委員長の影響下にあるかもしれないということだ。

大阪府内では連帯ユニオン関西生コン支部の配下にある〈連帯議員ネット〉に多くの議員がいる。今回の大津北警察署における抗議行動にも連帯議員ネットの議員が駆り出されていた。

国家権力の弾圧と戦うことを宣言した連帯ユニオン関西生コン支部だが、果たしてどうなっていくのか？　これまで連帯ユニオン関生支部と厳しく対峙してきた大阪広域生コンクリート協同組合はどのように見ているのか？

8月20日の声明で次のように木村貴洋対策本部長は述べた。

対策本部からの報告

まず、改めて言う事でもありませんが、事件というのは被害届を出す被害者がいて初めて成り立ちます。今回は被害者がゼネコン並びに販売店であり、滋賀県警は捜査の結果、加害者は湖東生コン協同組合及び連帯であるとした。

実際問題、連帯は恐喝・恫喝・嫌がらせ集団であるだけで、何の権力があるのでしょうか？今回の事件に関し、どのワードで検索しても連帯を、武建一を擁護する者は誰もいません。もう誰も連帯には係り合いたくないのでしょう。

また、労働組合は協同組合の活動に協力してきたと自信満々に公言していますが、大阪広域の足をさんざん引っ張り、生コンクリート業界の信用を失墜させ、弱者を恐怖のどん底に叩き落としてきた、まさに組織犯罪者集団です。


滋賀県警の捜査の進展をにらみながら、連帯労組と反連帯側の宣伝合戦はまさに息詰まるような展開となっていた。

私もブログで連日、彼らを武建一逮捕に向かわせるプロパガンダ作戦の一端を担っていた。逮捕された中には執行委員という大物幹部もいる。まさか、このクラスの人間がゲロするとは思わないが、武建一執行委員長としては心配でしょうがないのだろう。

武建一執行委員長は御年もう76歳となる。恐喝未遂や強要は3年から5年である。今度逮捕されて刑務所に送られれば、もう80歳を超えてしまう。

動いているのは滋賀県警だけではない。京都府警、大阪府警も共に大物を狙っている。それが武建一執行委員長なのである。

我々は何度も書いているが、大阪市西区川口の連帯ユニオン関生支部を監視している。朝早くから見回りもしている。朝方の5時からだ。5時には武洋一書記次長や武谷新吾書記次長らの幹部が姿を現し、自らゴミを出す姿は立派なものである。

そして午前中2回、それから正午に見回りをする。ちょうどこの日は私の順番だった。西警察署に向かうと、そこには滋賀県ナンバーの乗用車が数台止まっていた。そこでカメラマンに連絡を入れ、待機してもらう。そして午前0時30分には機動隊の大型車両がやってきた。

ここで大阪広域生コンクリート協同組合に連絡した。広域の調査部も既に向かっていると分かる。別ルートから事前に分かっていたのだろう。ここで、会館前に移動すると多くのマスコミ関係者が待っていた。マスコミから既に情報が流れていたのをここで知った。

「レイシスト集団が一体となって行動している」などと、連帯ユニオン関生支部側はどうしても我々と大阪広域生コンクリート協同組合が「一体となって行動している」などと書きたいらしいが、狙いが同じなら当然だろう。ただ、いつも一緒ではない。滋賀県の湖東協同組合の家宅捜索のときは我々だけだった。我々は滋賀県警が動いていることを知って狙いを定めて滋賀県の湖東協同組合に何度も朝早くから駆けつけ、3回目にしてようやく現場を撮ってYｏuTｕｂｅに出すことができた。

この日は朝4時に大阪を出発、湖東に向かった。湖東は福井県との県境にあるのでかなり遠い。朝から張っても姿が見えない。そのうちに大津市の生コン会社にガサ入れがあったと聞いたので急遽そちらに向かう。

しかし、ガサ入れは終わってしまい、その現場を逃してしまった。ここで諦めて帰ろうと思ったが、再度湖東に引き返した。これは何と言うか、「もしかしたら……」というひらめきだった。何の根拠もない。

引き返すと、そこにはテレビ局がいた。数社のテレビ局がいるということは必ず何かが起こる。待つこと数時間、ついに滋賀県警の捜査車両がやってきた。

この日は朝の4時から夕方の6時過ぎまでかかった。偶然の場合もあるし、川口の会館近くに宿があるので常に警戒しているからこそ、その瞬間を逃さずに皆さんに届けることが可能なのだ。

連帯ユニオン関生支部の声明文には、この最後の言葉がある。「不当な弾圧に屈することなく」は余りにも自己弁護し過ぎないか？　連帯ユニオン関生支部は恐喝未遂容疑で捜査されている。労働組合が何で恐喝なのか。

確かに大阪府警の場合、ストライキに端を発した「強要と威力業務妨害」だった。しかし、この滋賀県警の場合、労働運動と何の関係があるのか？　この恐喝未遂事件が労働運動なのか？

暴力団（ヤクザ）は何で食べているのか？　いろんな仕事（しのぎ）はあるだろうが、典型的なものは恐喝だ。恐喝とは脅して金を取る。脅して物を買わせる。いろんな手法があるが、そのような犯罪を言う。

滋賀県警が捜査して逮捕したのはこの恐喝未遂事件だ。だから組織犯罪対策課が動いている。連帯ユニオン関生支部が何を言っても社会は既にあなた方の存在を暴力団のような組織と見ている。

関生の声明に反論する。

連帯ユニオン関生生コン支部は、滋賀県警「組織犯罪対策課」によって恐喝未遂容疑で逮捕された城野正浩執行委員を激励するために、毎日のように滋賀県警の大津北署に街宣をかけている。逮捕の翌日から始まっており、意地悪な見方をすれば、逮捕された仲間への激励とは別に「余計な事はしゃべるな」との意味を込めているのかも知れない。

そう言えばこの頃労組員の若者は姿が見えなくなった。何度も行なわれた川口会館に対するガサ入れ、その容疑は脅迫、強要、恐喝未遂だ。もうマトモな組合員なら「やってられない」と去って行くのは当然だ。

沈み行く難破船から一斉に逃げ出すように、最後は殆ど残らなくなるのではないか？　よって質の悪い者でもかき集めて動員するしかない。そんな所かも知れない。

しかし、執行委員の幹部はやめられない。何せ仕事もせずに組合活動をしている専従職である。親分の武委員長が会社に押し込んで、そこから給料が出て社会保険なども建て替えて払ってもらう。この関生支部の独自の組織も、今後メスが入るだろう。

警察批判がエスカレートするばかりの連帯ユニオン関生支部の主張はもう、武建一執行委員長の焦りの表れだろう。最後は反権力の親玉として人生を終えようとするならば、それも良かろう。だが、果たして何人がついてくるのか？　完全に墓穴を掘っている。自滅の道をまっしぐらだ。

(3) ついに武建一執行委員長逮捕とその後の話題

8月28日のことだった。連帯労組・関生支部に朝から張り付いていた武討伐隊の映像班や仲間から、ついに武建一執行委員長逮捕との知らせが入った。6時55分だった。その前から捜査は行なわれていて、その時間に武建一執行委員長本人が腰縄をつけられてビルの玄関先から出てきた。

その映像をバッチリ収めてあるので、これから現場を離れＹｏｕＴｕｂｅに上げる作業に入るという連絡だった。普段とは違って声がはずんでいるように聞こえたのは気のせいだったかも知れない。

昼のニュースでも詳しく報じた。

関西生コンのトップを逮捕　滋賀の生コン業者の恐喝未遂事件　契約断った商社に「大変なことになりますよ」

準大手ゼネコンが進めていた倉庫建設工事をめぐる恐喝未遂事件で、湖東生コン協同組合（滋賀県東近江市）の加盟業者と契約するよう商社の支店長を脅したとして、滋賀県警組織犯罪対策課は28日、恐喝未遂容疑で、全日本建設運輸連帯労働組合関西地区生コン支部執行委員長、武建一容疑者（76）＝大阪府池田市＝を逮捕した。県警は認否を明らかにしていない。

逮捕容疑は昨年3月～7月、東近江市内で行なわれていた清涼飲料水メーカーの倉庫建設工事に絡み、同支部幹部や湖東生コン協同組合幹部らと共謀し、生コンクリート調達を担う大阪市内の商社の男性支店長に対し、湖東生コン協同組合の加盟業者と契約を結ぶよう要求。断られたため「大変なことになりますよ」などと複数回、脅して契約させようとしたとしている。

（産経ＷＥＳＴ　平成30年8月28日）

この逮捕劇には驚いた。何が驚いたのか、正直に書く。大津北署に城野執行委員が逮捕・留置されてから、連帯ユニオン関西生コン支部は連日2台の街宣車で押しかけた。

「滋賀県警は謝罪しろ！　仲間を返せ！」などと連呼して大津北署の周りを徘徊《はいかい》。大津北署の前の幹線道路はいつも渋滞気味だった。

ある情報をキャッチした。発信元は滋賀県警の組織犯罪対策課だという。確かめようもなかったが、本当なのか？　と驚いた。

「武は許せない。皆の前でわっぱをかけマスコミを呼んで、その場から連行する」

つまり、皆とは連帯ユニオン関生支部の労組員の前ということになるから、逮捕は会館の川口（大阪市西区）でやる。マスコミも呼ぶので大きなニュースとなる。


このように読んだ。これは逮捕の瞬間を映像で撮ることができるかも知れない。そのように考えていた。

それで早朝の逮捕だ。常時監視体制を取る我々に「これからガサ入れ」が始まるとの第一報。滋賀ナンバーのタクシーで産経新聞が駆けつけた。間違いなく家宅捜索だ。しかし、第二報で「武は既に前日逮捕されているかも」とのこと。

やはり、決定的瞬間は撮れないのか？　と思っていると現場の映像班から「武です。武です」と連絡が入った。

決定的な映像は撮影できた。武容疑者は手錠をはめられ、腰縄をされて警察車両に乗せられた。これ以上のシーンはない。何度かのガサ入れを無視してきたマスコミも殆どの社がニュースとして流した。（関西は全ての報道機関で流れた）

前回逮捕されてからも民主党政権となったこともあり、君臨し続けてきたようだ。

武建一執行委員長逮捕の報道が行なわれている頃、武建一討伐隊の一行は「せと大和魂」号に乗って、武建一執行委員長がパトロンとまで言われた立憲民主党の辻元清美議員の選挙区に直行し、辻元議員を厳しく批判・追及する街宣活動を3日間にわたって展開した。

大阪・高槻市では辻元清美議員の事務所周辺にて遊説を行ない、同市民に対して「連帯ユニオン関生のような『犯罪集団』から支援を受けている辻元清美のような国会議員を当選させてはなりません！」「連帯関生と蜜月関係にある辻元清美は直ちに議員辞職せよ！」「生コン業界から搾取した政治資金を労働者に返還せよ！」と主張したものだ。

続いては大阪・門真市にて連帯ユニオン近畿地方本部顧問・議員ネット代表である戸田《とだ》ひさよし同市議会議員を徹底糾弾！

武建一執行委員長の恐喝未遂容疑での逮捕に絡み、その盟友であり、連帯ユニオン大幹部である戸田市議を議員辞職させようと門真市民に呼びかけた。

なお、高槻・門真両市にて通行人らからは篤き激励を頂いたものである。

連帯ユニオンとそれを取り巻く議員らには国民世論そのものから厳しい目が向けられつつあることを実感したものだ。

さて、この辻元清美議員の反応はどうだったのか？

辻元清美事務所に武建一容疑者との付き合い、連帯から献金を受けたことについて、取材を申し込むと、こう回答があったそうだ。

「（武氏の逮捕について）見解はありません。ご指定の人物、団体から献金を受け取った事実はありません。（武氏との）会食が何を指すか、わからないのでお答えできません」（週刊朝日・本誌取材班）

立憲民主党の辻元議員は森友学園問題で、このようにテレビ局のインタビューに答えていた。

「捜査、捜査というけど、捜査されるほうが悪いと違うの？」

辻元清美議員に言わせれば、「捜査されるほうが悪い」とのことだ。であれば、連帯ユニオン関西生コン支部の武建一執行委員長のほうが悪いということになる。

しかし、連帯ユニオン関生支部は武容疑者の逮捕は安倍政権の国策捜査のでっち上げで不当逮捕と言っている。もっと言いようがあるのではないか？

連帯ユニオン関生支部の連中はお仲間であり、武容疑者はかつてパトロンとまで称された人物なのに、辻元議員は随分と冷たい言い方をしていた。大丈夫なのか？　こんな冷たい仕打ちをしていれば、いずれ武建一容疑者や彼の支援者が頭にきて、全てをバラしてしまうのではないか？

「辻元清美の黒いパトロン」とまで書かれていたのに、随分と今回の週刊朝日のインタビューでは冷たいようだが、どうなってしまったのか？

しかし、これは表向きの返答ではないだろうか。辻元議員でなくても恐喝未遂で逮捕されるような人物をかばいきることは出来ないはずだ。だからこのように答えるしかなかったのだろうか。

それにしても、週刊朝日の報道には驚いた、何かの異変を感じない訳にはいかない。この方は本当にふてぶてしい。武建一容疑者が逮捕されるや、もう「何の関係もあらへん」とばかりに沈黙している。

組織犯罪対策課が恐喝未遂で逮捕した。それも武建一容疑者だけでなく、副執行委員長の湯川容疑者を含む3人の執行委員と計4名だ。このような人物と長年に渡ってただならぬ関係を保ってきたのだから、これが自民党の政治家ならばマスコミから集中砲火を浴びていたと思う。NHKはカレーライスを食べている姿を放送することもなかっただろう。

私が関西地区で「武建一討伐」の声を上げてから、辻元議員は確かに警戒をするようになって、国会に陳情に行っても、「国会対策委員長の仕事が忙しくて会えない」と断り、代わって対応したのが同じ立憲民主党の有田芳生議員だった。

国会内の会議室を借りる手続きをしたのは、ながお秀樹議員と見られている。武建一容疑者は辻元議員一人というよりも立憲民主党と深い関係にある。

私は一昨年の6月10日にこのようなブログ記事を上げていた。

☆なぜ、私が大阪に来て、武建一討伐の声を上げたのか？

その動機や詳しい経緯は既に述べている。武建一討伐とは左翼討伐であり、関西生コン業界のややこしい歴史や争いに首を突っ込むためではない。

まずはその点を明確にするためには、その証拠となるものはやはり文書が最適なのです。説明し易いし記録されている。

☆なぜ、大阪入りしてから和歌山が関生との主戦場となったのか？

この点についても警察や関生は生コン業界の勢力争いにしか見ていない。しかし、それも『中央通信』にはっきり書かれている。連帯ユニオン関生支部の集団に襲われてケガを負っても、労働争議として一切聞く耳を持たない和歌山県警。

そして、攻撃は執拗に続いていた。警察が動かない以上、それは我々が守り戦わなければならなかった。被害者である会社社長からの直接取材をもとに作った記事がそこには掲載されている。

戦うにはそれ相応の理由と言うか、「大義」があった。人としてやらねばならない「正義」であり、行動に移るには何のためらいもない。

被害者から直接話を聞いて、「法に背く者たち」への正義の戦いであった。私は自分のやってきたことを正しいと信じる。その私の信念が調べられ、法の下で問われるならば、これこそ私が望んできたことであるので、正々堂々と調べに応じ、意見を述べたい。

第七章

武建一執行委員長逮捕以降

（1） 筆者側への家宅捜索

武建一執行委員長の逮捕の頃から筆者の周辺も騒がしくなった。これほど大きな案件のため、バランスを取るという意味もあったのかも知れない。始まりは9月5日の早朝。といってもそんな早い時間帯ではない。私は福島県に戻る用意をしてリュックサックを背負い、今まさにホテルの部屋を出ようとした瞬間だった。ドアをノックする音がしたので、覗き窓から見るまでもなく、そのまま部屋を開けた。するとそこには見るからにそれと分かる5名の警察官がいた。

中に入るように促したが、令状を私に全て言って聞かせない内には入れないと言うので終わるまで聞いていた。結構長い時間に感じた。裁判所からの家宅捜索令状には二つの容疑内容が書かれていた。

1　建造物侵入・傷害・暴力行為等処罰に関する法律違反

2　威力業務妨害事件

※暴力行為等の処罰に関する法律違反事件の概要

「適用対象・暴力行為等の処罰に関する法律は、暴力団などの集団的暴力行為や、銃や刀剣による暴力的行為、常習的暴力行為を、刑法の暴行罪、脅迫罪よりも重くかつ広範囲に処罰するための法律」

なぜ、このような法律を適用したのか？　我々は暴力団ではない。ただ、この法律は右翼団体にも適用されている。

現在は右翼団体も名乗っていないが、若い頃は右翼活動をしており、私の経歴から見て元右翼団体と位置づけたのかも知れない。

部屋の捜索は簡単に終わった。というのもたいしたものは置いていなかった。他の場所に隠しておいたわけでもない。捜索で押収されたものは次のようなものだ。

運転免許証は一旦取り上げられたが、捜査が終わる頃には返された。仲間の一人は免許証から銀行のカード、健康保険証まで押収された。いくら何でもやり過ぎだ。身柄拘束はないのだから、ここまでやる必要はなかった。

この家宅捜索で一番こたえたのはやはり携帯電話が押収されたことだ。パソコンも押収されたが、部屋には普段使っていなかったパソコンが一台置いてあった。それも押収しようとしたので、中身を調べてもらって、何も保存などしていないことを確認したうえでこちらは戻してもらった。

事件に関するものは殆ど押収されたが、悪いことをしているという自覚はまったくなかったので、全てホテルの部屋に置いてあった。手際よくダンボールにしまい込み30分もかからなかかったのではないか。

私への調べが始まったのは翌10月の5日からだった。ほぼ1ヵ月何もなく、この間は私の仲間への調べが進められていた。それは連帯ユニオン関生支部の武谷新吾書記次長の自宅周辺を街宣カーで回ったのが、名誉棄損という罪で訴えられた件だった。

実はこの件に関して、私は被疑者ではない。なぜならば、私はこの活動には参加していなかったからだ。活動に参加していないのだから、嫌疑もかけられず呼ばれもしないのは当然だ。

しかし、私は京都府警での連帯ユニオン関生支部が訴えた、同じく名誉棄損事件では呼ばれて危うく被疑者にされそうになったので、そちらの事件についてまずは説明することにしたい。

連帯ユニオン関西生コン広報委員会が掲載した文書
大阪広域生コン協組が活動を全面的に応援すると表明した人種差別主義者・瀬戸弘幸と同氏を師と仰ぐ渡邊臥龍こと渡邊昇が刑法第230条1項（名誉毀損罪）で告訴された。被告訴人瀬戸弘幸と被告訴人渡邊昇らは、組合関係者や業界関係者の居住地域を襲撃。卑劣にも街宣車で大音量の放送宣伝をし、誹謗中傷のビラを大量に配布するなど個人攻撃を行なっていた。

更に詳しく次のように記載されていた。

本年2月初旬頃、被告訴人瀬戸弘幸と被告訴人渡邊昇は、仲間十数名と共に街宣活動用に加増したマイクロバスとワンボックスカー4台に分乗し、京都府在住の関西地区生コン支部（関生支部）の組合員（仮称A組合員）の自宅を襲撃。大音量で『社会の敵である労働組合、犯罪者集団に所属する●●さん（仮称A組合員の名前）、あなたは地域の敵、社会の敵です』などと執拗に誹謗中傷を行なったのです。

仮称A組合員の自宅周辺の広範囲にわたる住宅街にも仮称A組合員を誹謗中傷する数百枚ものビラを配布していました。

この件で私に対して京都府の山科警察署から呼び出しがあったのは7月に入ってからだった。まずは渡邊昇氏が、そして同行していたカメラマンや小田昇氏が呼ばれた。

私はこの連帯ユニオン関生支部が告訴した件には思い当たることがなかったので警察の呼び出しには応じなかったが、執拗に事の詳細を聞かれた。その根拠は私が当時ブログでその時の街宣活動に参加したと書いた記事があるので、間違いないと決めつけられた。

この時に当日のことはまったく思い出せなかった。ただ、仲間が私はいないはずだと言ってくれたので、私は行っていないと思っていたが、当日のアリバイというか、その日何をしていたかを調べることにした。

当日利用した大阪のタクシーやサウナの領収証が見つかり、私のほぼ一日の行動が判明。私がこの2月13日に京都に行っておらず、一日中、大阪にいたことが証明された。

この件についての私への嫌疑は晴れた。当たり前だ。私がいないのだから私への捜査を続行することなどできない。

自分のブログでもこの件は2度ほど書いている。私への嫌疑が晴れて私は捜査対象から外れたと書いているのに、連帯ユニオン「広報委員会」のサイトを見ると、何と私が告訴されたなどのデタラメなニュース記事が掲載されたままだった。

このような事実無根の記事を掲載されたことを、私は京都府警に相談した。虚偽告訴による刑事事件の被害届は難しかったので、名誉毀損ということで民事問題として対応することにした。

私への捜査開始と連帯ユニオン関係者の大量逮捕後に分かったことだが、本来は9月4日に家宅捜索が予定されていたらしい。ところが台風21号の影響で一日延びた。台風の被害が大きいのでその後の後片付けや行方不明者の捜索などに人員が割かれた。台風21号の被害が意外に甚大だ。風速58・1メートルで大阪の観測史上では最速で、今世紀では最強のものとなった。空港も橋も通行止めとなって大阪では大勢の人が足止めされた。

さらに富田林警察署から逃亡した犯人がなかなか逮捕されず、この捜査に毎日多くの警察官が動員されて人手不足であったことも挙げられる。しかし、我々への本格的捜査が遅れた最大の理由は下記の事件に大阪府警が着手したからだ。当日の新聞を紹介する。

『全日本建設運輸連帯労働組合関西地区生コン支部』（関生支部）の幹部や組合員が、運送業者のセメント出荷業務を妨害したとされる事件で、大阪府警警備部は18日、威力業務妨害や強要未遂の疑いで、関生支部副執行委員長ら16人を逮捕した。

16人の逮捕容疑は昨年12月12～14日、大阪市港区の大手セメント販売会社が出荷業務を行なうサービスステーションで、同社から業務委託されていた運送会社の車の前に立ちふさがるなどして、業務を妨げたとしている。（『産経新聞』９月18日）

家宅捜索当日の５日、私の部屋に来た大阪府警の警察官は「関生支部も必ずやるから」とつぶやいた。その言葉が何を意味するものであるかは直ぐにピンときた。そしてニュースを知って「なるほど、こういうことだったのか」と心の中でうなずいた。このような言葉もあったので捜査には協力しない訳にはいかないという気持ちだった。大阪府警による捜査は前もってあると覚悟していた。連帯ユニオン関生支部の訴えを放置出来ない状態にあることを知っていた。

連帯ユニオン関生支部の武建一執行委員長から応援を受けている連帯議員ネットなる組織があるが、その代表である戸田ひさよし（門真市市議会議員）らは、執拗に我々に対して関生労組が行なった告訴事件を、なぜ早く捜査をしないのかと迫っていた。

武建一執行委員長を司直の手で逮捕させる以外には倒すことなどできない。相手は500人以上の組合員を持ち、巨額な資金を運用している。それを敵に回して戦うには最初から覚悟が必要だった。その覚悟とは「肉を切らせて骨を断つ！」作戦であり、それを恐れない精神力だ。自分よりも強い相手に対して捨て身となって勝つという戦法に出るのだ。

お互いに傷つくことがあっても、こちらは軽傷で済ませ相手には致命傷を負わせる。つまり、肉を切らせる捨て身の戦術で、気が付けば相手は骨まで切られ一巻の終わりとなる。その戦法以外に勝利の道など見い出せないと覚悟していた。

大阪府警による家宅捜索が行なわれた時に、裁判所からの令状が証拠品を押収するための捜索令状で、俗に言う切符（逮捕状）がなかった。「逮捕は無理」と弁護士からも前もって聞いてはいたが、正直ほっとした。

対して「関生支部は絶対逮捕する」との言には、顔にこそ出さなかったものの「してやったり」の心境だった。だから、9月18日の連帯ユニオン関生支部16名の逮捕は予想していたことであり、期待して待っていた吉報でもあった訳だ。

（2）完全に崩れた連帯ユニオン関生支部の描いたシナリオ

威力業務妨害については最初から筋書きが出来ていたようで、嫌疑がかかっていたのは私「瀬戸弘幸」と「渡邊昇」の2名。そして大阪広域生コンクリート協同組合の木村貴洋理事長、地神秀治副理事長、大山正芳副理事長、矢倉完治副理事長、和歌山県生コンクリート工業組合の丸山克也理事長の5名である。

関生支部による主張はおよそ次のようなものだった。

●1月22日、関生支部の役員の多数が公務で外出している隙を狙い、瀬戸弘幸や渡邊臥龍ら差別排外主義のレイシスト集団や大阪広域協組4人組をはじめとする大阪広域協組の関係者、和歌山広域工組の丸山克也代表理事などが襲撃。（関生支部襲撃事件）

●その襲撃では、関生支部の関係者への暴行や個人所有物の破壊、関生支部の業務が滞るなどの大きな被害が発生。

●現在、瀬戸弘幸や渡邊臥龍ら差別排外主義のレイシスト集団の数名と大阪広域協組の地神秀治副理事長、大山正芳副理事長、矢倉完治副理事長、木村貴洋理事長をはじめとする大阪広域協組の関係者数名は威力業務妨害罪で、渡邊臥龍と他1名が傷害罪や器物損壊罪などで告訴されている。

連帯ユニオン関生支部によれば、瀬戸は広域に頼まれ共謀の上で集まって川口会館を襲撃したというシナリオを描いていた。

しかし、このシナリオには無理があった……というか、完全に私はこれを否定するだけの証拠を提供した。その結果、このシナリオは完全に崩れ去った。確かに私への捜査が完全に終了した現時点での私の考えであり、検察官がどのように判断するかは分からない。

しかし、私の説明は合理的なもので矛盾点は見当たらなかった。それをこれから説明したい。まず大阪府警は私が広域協同組合の会合の前に送ったＦＡＸを押収していた。

1月15日（月）7：59

我々の戦いも非常に有利な状況の中での戦いとなりました。先ずは組合のネット班の皆様に感謝します。

宣伝カーが完成したので、直ぐにも連帯会館への街宣をかけるとの件については、もう、しばらく考えて慎重に対処すべきかとも思います。

このＦＡＸを大阪府警は押収していた。私がまだ連帯会館に街宣を行なうことは早すぎると書いて送っていた。これが15日であり、22日にはそれが実行された。大阪府警はその理由をどうしても、和歌山県の丸山理事長や大阪広域の理事から私が頼まれて川口会館前の街宣を行なったとしたかったようだ。確かにそのように捜査の中で執拗に問いただされ、証拠品もなければ、私も最後まで頑張れたかは分からない。

しかし、私が自分で決断したのであり、こちらには22日に抗議したという確かな証拠があったので、合理的な説明が出来た。この日の4日ほど前から私の依頼で友人が大阪入りの同行取材をしていた。そのジャーナリストが丁度この日帰る予定だった。それは後で思い出したのだが、彼は最後に「川口会館に行って見よう」と私に誘いをかけていた。

常に反権力を唱えている連帯ユニオンがどんな反応をみせるか？　警察をすぐに呼ぶようならば、それを写真に撮り、映像を流そう。それを記事にして新聞を作ると言われたのが、決断した最大の理由だった。よって私は会館の前に着き次第、街宣車の前で連帯ユニオン関生支部に向かって次のように演説した。

「今、和歌山で関生支部の連中に抗議したら、すぐ警察に１１０番したな。常日頃は反権力だなどと言いながら、すぐに警察を呼ぶのか？　お前ら本当に弱虫だな、早く１１０番して警察呼んでみろよ！」

警察官は10分以内にやってきた。これが連帯ユニオン関生支部が大騒ぎした「組合襲撃」の全てだ。私はその通り供述して捜査を終えた。この時の様子は『報道日報』というタブロイド紙の4ページ目に書かれ、当時の写真も掲載されてあった。私はこれを任意提出した。

広域協同組合と私が共謀して、私が命令されて連帯ユニオン関生支部を襲撃したなどのシナリオは完全に崩れた。どうしても連帯ユニオン関生支部は私の活動よりも、それを支援し続けてくれた大阪広域生コンクリート協同組合に打撃を与えたかったようだ。しかし、その思惑は見事に外れたというか失敗に終わった。連帯が襲撃と言うほどの大事件ではなかった。

武建一執行委員長にとって、天国から地獄への展開となったこの一年。

しかし、この事件が私の武建一討伐運動の最大の山場となったことだけは確かだった。連帯ユニオン関生支部の武建一執行委員長を名指しで「武建一、お前を討伐しにやって来た！」と第一声を放ったのが昨年1月8日だ。

この時に武建一執行委員長は面食らったそうだが、何か変なのが現れたくらいにしか思わなかったのだろう。しかし、それから毎日のように武建一と連帯ユニオン関生支部を批判する街宣カーが大阪市内や和歌山県内を走り回り、ついに自分の牙城においても、抗議の声が上がった。正直この時には驚き狼狽《ろうばい》したのではないか？

関西の生コン業界のドンとして、誰も業界から恐れられ彼を表立って批判しなかった。釈放後に成立した民主党政権は自分が資金を提供し当選したような議員ばかりだ。彼が傲慢になってやりたい放題しても、咎める人など存在しないも同然だ。

しかし、そこに私が現れ、突然「お前を討伐しに、人生の全てをかけ戦う」と宣言した。武建一執行委員長本人にとっては蚊に刺されたくらいにしか思わなかったろう。しかし、ついに自分の目の前で堂々と批判されて、その映像は拡散され数十万という人が目にしていく。

本人にしてみればあっと言う間の出来事だったろう。まさか、滋賀県警に逮捕され、その後、大阪府警、京都府警まで逮捕に動くような事態を一体誰が予想しえたか？　一番信じられないのは、武建一執行委員長本人ではないか？　天国から地獄という言葉があるように、今、彼はまさに武王国の独裁者という立場から監獄に転落した。

「1月からはホンマにおもろない！」とこぼすのも当然だろう。もう、力を取り戻すことはない。これだけの大物であれば、出頭して逮捕状を示されて逮捕されるか、自宅で逮捕されるかが一般的だ。しかし、武建一委員長は連帯ユニオン関生支部の本部建物内で逮捕され、しかも手錠と腰縄つきで連行され、その姿は集まっていた報道陣に晒された。

これほどの屈辱はなかっただろう。なぜ、このような扱いを受けたのか？　それはやはり部下が逮捕されてからの連帯ユニオン関生支部の労組員を動員しての、滋賀県警に対する一連の街宣の中身にあったのではないか？

武建一被告本人が設立当時から関わった『近畿生コン輸送協同組合』は解散決議をして解散した。決議に反対したのは3社のみで27社は解散することに賛成した。これは連帯ユニオン関生支部にとっては大きな衝撃だったのではないか？

組合員が抜けることはこれまでも度々あったと思うが、武建一被告が事実上支配してきた組合が解散したことは、今回の武建一被告逮捕から起訴・裁判に至る経緯の中で、最大の事件となった。生コン業界の武支配の終焉であり、生コン業界のドンなどと呼ばれてきた男の終わりを象徴する出来事である。再び甦ることは絶対にないと言い切れる。それは、連帯ユニオン関生支部事件が、滋賀県だけで捜査終了とはならないからだ。

武建一被告は逮捕後、「関生は不滅の誇りを持って」と組合員にメッセージを送った。しかし歴史上、不滅であった組織などない。ソ連帝国だって21世紀の扉が開く前に滅亡した。我が国でも〈驕《おご》れる者久しからず〉という諺《ことわざ》がある。武建一被告は自分の地位や権力に溺れ、独善主義に陥った自分を見失った。

これから5年以上、いや無罪を主張し争えば7年間は獄中にいることになる。武建一被告本人が早く娑婆に戻りたいならば罪を全て認め、関係者に謝罪するしか残された道はない。

昨年1月、大阪の繁華街のヨドバシカメラ前で「武建一討伐」の声を上げてから、今年1月で一周年となった。2、3年は覚悟の上だった。これほど早く決着がつくとは思わなかった。

第八章

連帯ユニオン関生支部はどうなる

(1) どこまで進む壊滅作戦

これまで武建一執行委員長は大阪府警に何度か逮捕されながらも、しぶとく生き延びてきた。前にも増して力をつけ、関西生コン業界のドンとまで呼ばれ、その後は独裁的な権勢を振るった。

この間の武建一は人生の中では絶好調だったのではないか? 大阪府警も手を出せない。野党議員も平伏し、マスメディアもまったく触れない。連帯ユニオン関西生コン支部はまさにやりたい放題だった。

この頃、発売されたのが宝島の雑誌だった。宝島社は日本のタブーに切り込む特集を続けざまに出していた。部落解放同和問題、創価学会問題、そしてこの連帯ユニオン関西生コン支部の武建一執行委員長の問題だ。

何が問題だったのか? それは今更言うまでもない。ブログで連日のように書いてきたので、今では「そういう問題があったのか?」と多くの国民が理解した。しかし、私が関西に乗り込み、「武建一討伐運動」の声を上げるまでは、知らない人も多かったのではないか? 私も正直知らなかった。反原発派のデモには必ずと言って良いほどに連帯ユニオン関生支部の旗が閃いていた。

国会前を取り囲む左翼デモ、沖縄米軍基地反対運動もそうだった。こうして武建一執行委員長は、日本左翼のカリスマ的存在にまでのし上がっていったが、ついにその地位から転落する時がやってきたのだ。まだまだ生き残るのではという声も確かにあるが、今回ばかりはそうはいかないだろう。

実は今回が初めてではなく、これまでも同じような犯罪で逮捕されている。刑期は終えているので出すべきではないかと思ったが、今回も同じような事件を繰り返しているので、あえて紹介することにした。まず読売新聞の平成17（２００５）年1月13日の記事を引用する。

組合活動の名を借りた権力者

大阪府警に逮捕された全日本建設運輸連帯労組傘下の関西地区生コン支部委員長、武健一（62）人心掌握、対企業戦略にたけ、「ドン」と評される一方、過激な組合活動で意に沿わない業者を攻め、阪神間の工事をストップさせるだけの力を築いたという。関西の生コン業界を手中に収めようとしていたとされる武容疑者の逮捕に労組関係者は「業界の正常化の闘いはこれから始まる」と語った。

関生に関連するサイトなどによると、平成19年の10月の時点で、武執行委員長の関わった事件の概要は以下の通りである。

●第1事件＝大谷生コン事件（平成18年7月5日）……武建一ら5人に執行猶予判決
●第2事件（旭光コンクリート事件）……第1事件と併合で公判が行なわれる。以下、第1事件と同じ。
●第3事件（政治資金規正法違反事件）……武建一らに罰金刑
●第4事件（贈賄事件）……武建一に実刑判決
●第5事件（斉藤建材事件）……執行委員ら全員起訴

この前歴を見るまでもなく、今回同じような件で逮捕されているので、前回執行猶予がついた者は実刑の可能性もあり、前回実刑を受けた武建一被告などに関しては100％実刑の可能性がある。

年齢的なハンデもある。前回とは違って10以上歳を重ねているし、年を追うごとに体は弱ってくる。今年76歳になる武建一被告にとって、裁判闘争が長引けば長引くほどに80歳の高齢に近づく。果たして今までの気力を保って戦っていけるのか甚だ疑問ではある。

それにこれで終わりではない。平成31年2月には執行役員、組合員15名を滋賀県警が逮捕した。次は京都府警が待っている。この件は私が被害者家族に対し、警察に告訴するように勧めたもので、被害者から届けが出ており、間違いなく大きな事件となる。

既に関係者の何人かの自宅には家宅捜索が行なわれており、京都の生コン組合でも連帯と深く関係する場所も昨年にはガサ入れが行なわれた。大阪府警が逮捕したので、その次になってしまったが、予想では昨年逮捕されても不思議ではなかった。

滋賀県警の後は京都府警、そして場合によっては和歌山県警の捜査も行なわれるかも知れない。逮捕劇はまだ終わっていないので、今後の展開次第では、第2弾の単行本を出版したいくらいだ。もし本書の売れ行きが良ければ考えてみたいものである。

（2）抗議行動の展開と展望

これまで連帯ユニオン関生支部と付き合いのあった労働組合や、共闘していた極左団体の動向もお伝えしておく。まずは中核派の動きから。

韓国の過激な左翼労組のゼネストに連帯ユニオン関西生コン支部は組合員を派遣するであろ

うか？　武建一執行委員長が逮捕起訴されている今となっては、毎年行っていたこの韓国内のゼネストにも駆けつけることは出来ないかも知れない。

こちらは左派系のネットだけでしか、情報を得ていないので西山直洋執行委員が行くかどうかは分からない。ひょっとしたら韓国に渡航するかも知れない。この人物が中核派や韓国極左労組とつながる危険人物だ。

この西山氏が人民新聞に取り上げられていた。（以下、一部引用）

――なぜレイシストが前面に出たのですか？

西山：今回広域協組と瀬戸らをつなげたのは、官邸とも言われています。それだけに右翼の攻撃は全面的です。レイシストたちは私たちの争議相手に入りこみ、団体交渉に出てきたので、そんな団体交渉は私たちが拒否しました。和歌山では組合員の生コン車を街宣車でつけ回し、帰宅する時も自宅までついてくるのです。経営者に自宅を聞いたのだと思います。地方での嫌がらせは労働組合からの孤立を狙っていますが、動揺したら彼らは調子に乗るので、組合員は団結して跳ね返しています。（後略）

いやいや驚いた。私は官邸の回し者か？　これほどの大物扱いを受けるとは、過大評価もいいところだ。この話は嘘ですが、最近自民党の関係者から聞いたところによると、「瀬戸って何者？」という話は自民党内でも囁かれているようだ。

武建一執行委員長を「お前を討伐しに来た！」と宣言し、その通りになったのだから、何者！　と聞く人が出ても不思議ではない。もっとも直接聞かれている訳でもないので本当のことは知らない。

この中核派と通じるような人物が、組織に居残るようだと連帯ユニオン関生支部は、益々先鋭化して危険な方向にいかざるを得ないだろう。

関生支部が生き残れるのか？　それとも叩き潰されるのか？　生き残るには過激な政治闘争路線を反省し、そこから離れて行く以外にはないと思う。武建一被告も反権力で乗り切ろうなどと思っているのであれば、いつまでも出て来られないだろう。

以上は昨年11月7日のブログに書いた記事である。

東京では平成30（２０１８）年11月4日に極左が４８００人も集まって、関生を支持する大集会が開催された。

４８００人の労働者が大結集！

東京・日比谷野外音楽堂
11・4全国労働者総決起集会が東京の日比谷野外音楽堂で11月4日に開催されました。会場には、約4800人の労働者が結集し、集会は大成功でした。

この時も以下のように論評した。


これらの動きを見て、連帯ユニオン関西生コン支部はまだまだ健在であり、また巻き返すなどと語る人もいる。しかし、仮に連帯ユニオン関西生コン支部が生き残ったとしても、もはや労働組合本来の姿ではなく、狂信的な左翼イデオロギーの政治集団でしかない。

その意味は多くの組合員が離反して内部分裂をきたし、関生支部は過激派と穏健派に分裂していくことを意味すると予想する。

過激な極左イデオロギーを振りかざす連中は、どうにもならないが、このような政治闘争から一歩引いて本来の労働者の為の組合運動を目指す人達が離れた場合、これまで対立関係にあった大阪広域生コンクリート協同組合や連帯労組以外の労働組合との関係がどうなっていくのか？

それは今の段階ではまだ不透明だが、やはり将来的にはこのような左翼狂信主義と決別しなければ、彼らは決して生き残れない。連帯ユニオン関生支部は日本の極左労働運動を指導して引っ張って行くことは出来ない。

おそらくは中核派などに飲み込まれていくのではないか？　武建一容疑者や湯川容疑者は無罪を主張し裁判で戦うだろう。しかし、滋賀県警、京都府警、大阪府警と少なくとも3つの捜査機関で起訴される案件は5つから7つほどになると思う。

その裁判が全て決着しなければ、娑婆には戻れない。短くて5年から7年以上の年月は拘置所の中にいることになる。果たしてこの間組織が持つのか？

足元から少しずつ崩れ去って行くだろう。既にその兆候は見えて来た。組合員が関生支部から脱退し、新しい道を選択するのも時間の問題だ。

いくら強がりをいっても、犯罪者集団となった連帯ユニオンに対する世論の目は厳しい。極左暴力テロ集団以外にはもう助けるどころではない。

（3）反権力の弁護団

もう何だか連帯労組・関生支部の問題は、抗議集会や裁判闘争のお知らせになってしまった。そこで最後にこの関生の弁護団について、いくつか書いていているので、それを紹介することにしたい。

逮捕された連帯ユニオン関生支部の幹部たちはこれから起訴されて、次々に法廷で裁かれていくわけだが、裁判の主役は本人ではなく、左翼の弁護団となった。

彼らが滋賀地方検察庁や大阪地方検察庁と激しくわたりあって無罪を主張していくことになる。逮捕・起訴までが第1弾とすれば、この裁判闘争こそは第2幕の始まりであり、関心事はこちらに移る。

敵を知らずばこの裁判がどのように推移していくのか、それさえも読み解くことは出来ない。彼ら左翼弁護団はどのように考え、そして戦術を用いて連帯ユニオン関生支部の被告人の主張する無罪を勝ち取ろうとしているのか?

中核派系と見られる法曹界の人たちの研究会が7月7日に東京都内において開催された。この頃はまだ武建一被告は逮捕されていなかったが、3月に続き6月24日に連帯ユニオン関西生コン支部への大規模なガサ入れが実施された直後でもあった。

この研究会に参加したのは関生支部の西山直洋執行委員である。西山執行委員は関西生コン支部の執行委員の中では最左派に位置する人物で、韓国の極左労働組合とのパイプや北朝鮮とも深い関係にある。

彼はこの研究会で次のように紹介されていた。

原則的戦闘的な労働運動で知られる、大阪の連帯労組関西生コン支部（通称「関生」）から、西山直洋執行委員を迎えて開催された。西山氏は翌日三里塚での「樫の木祭」に参加されるご多忙のスケジュールを割いて、参加して下さったことに感謝します。

この研究会で西山執行委員は何を訴え、そして左翼弁護士はどのように対策を講じ始めたのか？　ここに私の名前が登場している。

瀬戸弘幸ら札付きの悪質レイシスト

彼らは大阪市府警を中心とした関西の各県警と連携してかけて来ている新たな弾圧について不法不当なガサとの闘いを中心にリアルな報告がなされ、出席者の体験談も含めた興味深く有益な議論が行なわれていた。

次に、この声明の末尾にある大阪労働者弁護団の代表幹事とは、どのような人物なのか？
この声明に関してネット検索すると、次のような弁護士事務所が検索された。

連帯労組に対する大規模刑事弾圧に抗議する
大阪労働者弁護団　代表幹事　中島 光孝
大阪労働者弁護団　事務局長　弁護士　藤原《ふじわら》　航《わたる》

意外にネット検索しても見つけられない。かなり大掛かりな弁護団を組んでいるのかと思った。どうもその全体像はネットからは探し出せない。

「君が代」強制が『良心』を侵害する 中島光孝弁護士－グループZAZA
「君が代」強制が『良心』を侵害する2013年12月14日弁護士中島光孝1「君が代」の起立斉唱拒否にかかわる一連の最高裁判決＊〔1〕は、いずれも校長の職務命令は思想及び良心の……「君が代」不起立処分大阪府・市人事委員会不服申立ならびに裁判提訴当該14名によるブログです。……また、「戦争と『日の丸・君が代』に反対する労働者連絡会・豊中・北摂」等主催の12・14集会における意見等をふまえることとする。

この中島光孝弁護士とは筋金入りの左翼弁護士のようだ。

これまで連帯ユニオン関西生コン支部の抗議声明などに名を連ねてきた弁護士は次のような人たちである。

海渡雄一（弁護士）
河合弘之（弁護士）
里見和夫（弁護士）
中島光孝（弁護士）
永嶋靖久（弁護士）
棗　一郎（弁護士）
宮里邦雄（弁護士）

一人一人紹介したいが、今はその時間もないので、次に移る。

ところで今回、取調問題研究会が西山氏を招いたのは、弾圧に対抗する闘争における〈弁護人の選任形式〉について検証・考察するためであった。

夏に入る前から連帯ユニオン関生支部は滋賀県警や大阪府警の捜査を避けられないものと考えて、このような研究会に西山執行委員が出向いて相談していたものと考えられる。

①弁護人が全被疑者・被告人の弁護人に就任し共同で戦うのか？
②各人の単独弁選という形を固守していくのか？
この点に関してこの研究会は専門用語を交えながら、①を推している。しかし、連帯ユニオン関生支部はまた違った戦術を用いることが決まっていたようだ。西山執行委員がそれを話している。

なお、西山氏によれば関生の場合、一応単独弁選であるが、組合の団結が強固であり、若い弁護士も多数集結してきている弁護団の連携も密であるので、これまでのところ各別の問題は生じてきてはいないとのことであったが、問題については持ち帰り今後検討してゆきたいとのお話であった。

私は法律家ではないので、この研究会が何ゆえに単独弁選を懸念しているかは、素人の推測に過ぎないが、このようにまとめてみることができるのではないか。
6月から「司法取引」が導入実施された。司法取引とは「個別利益」の存在を優先させて、権力が狙う上層部の人間に対して、不利益な証言なども取引される可能性がある。
つまり、配下の組合員などが「司法取引」に応じてしまう可能性もある。単独弁選の場合はこの個別利益を認める形での弁護方針が容認されて、そのような法廷弁論になることが容易に考えられる。

簡単に言ってしまえば、取り調べの中で動員されただけの末端組合員は「どうだ？　上からの命令でしかたなく動員されていっただけだ、と供述すればお前の罪は問わない」と言われた場合、各人の単独弁選の場合、「そのような取引に応じても良い」とアドバイスするケースを懸念しているのだと考えられる。

果たして、滋賀県警や大阪府警の取り調べでそのようなことが行なわれてきたのか？　絶対に現場にもいないし、命じてもいない武建一執行委員長は起訴されない……と自信を示していた連帯ユニオン関生支部だったが、親分や幹部が次々に起訴されていく現状をどのように見ているのだろうか？

やはり左翼弁護士は層が厚いようだ。全国の左翼弁護士がこの関生事件の弁護団として前面に出てきた。

国にとっても侮りがたい勢力であり、この裁判闘争からは目が離せなくなった。確かに警察が地道な捜査の結果、連帯ユニオン関生支部の組合員の大量逮捕、最高幹部の逮捕、起訴まで持ち込んだが、彼らも反撃の機会を窺っていた。

これまで、どのような反撃体制を組むのか？　それを探ってきたが、ついに武洋一書記長の釈放を機にその全貌が明るみとなった。この戦いはこれからは裁判所こそが最大の注目となる。

一抹の不安と危惧の念を抱いてはいたが、いよいよそれが始まった。今後も情報収集を進めながらブログではレポートを続けていきたい。

あとがき

階級闘争史観を忘れ、差別主義者批判に固執で墓穴

私が大阪に乗り込んで来て連帯ユニオン関西生コン支部の武建一執行委員長を〈討伐宣言〉したのは、彼らが日本における最大の革命的な左翼労組と見たからだ。

連帯ユニオン近畿地方本部顧問・連帯ユニオン議員ネット代表の戸田ひさよし門真市議も、「日本最強の階級的左翼労組である」と称していた。

このような階級的労組であるならば、私の登場をどのように考えるかは明らかだった。資本主義の危機の中でファシズム、ファシストが現れたとの評価が古典的なもので、彼らはそのように応じるべきだった。

彼らは自らを労働者階級として、対立する大阪広域生コンクリート協同組合を資本家側と見ている。しかし、大阪広域生コンクリート協同組合は大資本や大会社ではない、中小企業主が集まる共同体である。

本来、労働者階級とは大資本とは対立関係にあるが、このような協同組合とは対立すべき関係となってはいけないし、打倒すべき相手はあくまでも大資本である。

彼らが一昨年12月行なったゼネストとは大手セメントメーカーのSS（出先工場）だった。私の視点からすれば連帯ユニオン関生支部のゼネストは階級闘争のように思えた。

私の予想はまず彼らは麻生セメント・宇部興産・太平洋セメント・住友大阪セメントを攻めるのではないか……と思っていた。製品の出荷工場に対しての攻撃だから、その次には当然ながら大阪本社や支店に対する攻撃が行なわれると考えた。

しかし、彼らの向かった先は大資本ではなく、中小企業の生コン工場だった。つまり、大資本との階級闘争などと位置付けてはいるが、やっていることと言えば中小企業虐めに過ぎない。

さて、連帯ユニオン関西生コン支部は我々との思想対決を避けたことが、失敗だったのではないか？　そのように考えている。右翼ファシストの登場という捉え方こそ正しかった。また、私は北朝鮮への武力制裁を叫び、トランプ大統領の歓迎デモも主催した、日本では唯一の人間だった。

反米左翼のイデオロギーを持つ武建一執行委員長はなぜ、「米帝の手先！」「資本家階級の飼い犬」「右翼ファシスト」という設定でのイデオロギー対決を避けたのか？　それは紛れもなく、彼が本物の左翼でなかったことの証明ともなってしまった。

そして、彼らが飛びついたのが「人種差別主義者＝せと弘幸」というレッテル貼りであった。おそらく有田芳生議員などにそそのかされたのだろう。それからはそれしか言わなくなった。

革命的マルクス主義を学び、日本の階級闘争の前衛としての自覚はどこに消えてしまったのか？　この方向転換は、連帯ユニオン関西生コン支部50年の歴史に泥を塗り、やがて自滅の道を辿ることになると予言する。

このままでは、彼らは差別主義者に負けたことになってしまう。それこそ彼らの最も嫌うことではないのか？

彼らはこのように叫んだ！

「広域協組（執行部）はどうして、『在日朝鮮・韓国人は出て行け、彼らを殺せ』と街頭で叫び、〝差別排外主義者〟や〝ネオナチ〟とも呼ばれる人物と行動を共にし、活動を支援しているのでしょうか？

良識ある経営者の方には、恫喝に屈せず、差別排外主義者とも手を結ぶような執行部とはきっぱりと決別し、業界の安定的な成長に向けて再び私たちと共に歩んでいただきたいと願ってやみません。」

我々がそのような差別主義者でないことは、多くの人が分かっていたことだ。今年は私を人種差別主義者とした人間を訴える。嘘で塗り固めてきた彼らの戦いもその裁判の結果で明らかとなる。なぜならば、連帯側はそれを立証できない。ただマスコミの扇動記事を鵜呑みにして、宣伝活動に利用してきたに過ぎないからだ。

マルキストは我々の挑戦によって姿を消すだろう。ただ、生き残ろうとするならば、我々の登場を正しく理解し、自分たちの主張してきた路線に回帰するしかない。

日本最強の階級的労組・連帯ユニオン関西生コン支部に対して、前々から討論会を呼びかけてきた。もう、その機会が全て失われたとは思っていない。連帯ユニオン関西生コン支部が望むなら、いつでも歴史的な討論会に臨む。ただし、それは人種差別主義者としてではなく、左翼対右翼という立場からの討論会であることは言うまでもない。

イデオロギー団体がそこから逃げたらもう終わりだ。

平成三十一年三月

武建一討伐隊　総指揮者　瀬戸弘幸

瀬戸弘幸(せとひろゆき)

昭和27年福島県生まれ。政治運動家、農業家。日本第一党最高顧問。日本農業助合機構福島支部代表。著者ブログ『せと弘幸BLOG「日本よ何処へ」』はライブドア政治系ブログで常に上位にランキングされている人気ブロガーである。著書に『有田芳生の研究』『現代のカリスマ、桜井誠』『福島原発事故と左翼』(小社刊)など。

連帯ユニオン関生闘争記

平成31年3月15日　初版発行

著　　者　瀬戸　弘幸
発 行 人　蟹江　幹彦
発 行 所　株式会社青林堂
　　　　　〒150-0002 東京都渋谷区渋谷3-7-6
　　　　　電話03-5468-7769
装　　幀　有限会社アニー
印 刷 所　中央精版印刷株式会社

ISBN978-4-7926-0645-9 C0030

http://www.garo.co.jp